ISBN 978-3-649-64479-8

© 2023 Coppenrath Verlag GmbH & Co. KG
Hafenweg 30, 48155 Münster, Germany
Textsatz & grafische Gestaltung:
Thomas Wolters, Internetlitho
Redaktion: Kai König

www.coppenrath.de

Schlaf ist aus, aber Baby ist jetzt da!

Mit Illustrationen
von Lena Zeise

COPPENRATH

Inhalt

Warum schlafen andere Babys durch?   8
Judith Pinnow

Nächte des Grauens   13
Kester Schlenz

15. März   19
Idilkó von Kürthy

Die Schlabbersocken-Papis   28
Amelie Fried

Der Kinderflüsterer   32
Michaela Thewes

Tochter   39
Beni Frenkel

Pädagogische Freiheiten   42
Horst Evers

Böser Staubsauger, böser Schluckauf!   45
Lena Greiner & Carola Padtberg

Das Höllenpaar   50
Gernot Gricksch

Das Wunderkind   66
Ephraim Kishon

Das Elternhaus   72
Kurt Tucholsky

Sind Sie bereit, Eltern zu werden?   77
Verfasser:in unbekannt

Kleine Einführung in den Kapitalismus   80
Jess Jochimsen

Fledermäuse waschen sich nicht   83
Jan-Christoph Wiechmann

Was jeder Vater wissen sollte   87
Thomas Byrnes

Das Beste fürs Kind   101
Lisa Feller

Im Namen des Fötus,
des Hohns und des ewigen Spotts   108
Hazel Brugger

Mitläufer der Zeit 112
Wladimir Kaminer

Wieso ich Dichter wurde 118
Heinz Erhardt

Emil schickt Sternenlicht 119
Michael Kneissler

Ursuppe aus Legosteinen 124
Axel Hacke

Warum schlafen andere Babys durch?

Judith Pinnow

Wir sind inzwischen bei Baby Nummer drei angekommen. Fragen Sie mich nicht, wie es trotz Schlafmangels dazu kommen konnte. Ich weiß es auch nicht.

Dieses Baby ist jetzt vier Monate alt und hat noch nie durchgeschlafen. Wann ich das letzte Mal durchgeschlafen habe, weiß ich nicht mehr. Das muss gefühlsmäßig irgendwann 1989 gewesen sein.

Es ist nicht fair. Andere Babys tun es doch auch: Klein Kalle schläft durch, seit er drei Monate alt ist. Romy schlief vom ersten Tag an sechs Stunden am Stück. Vinzenz, der Sohn einer Freundin aus München, schlief schon mit acht Wochen acht Stunden am Stück, manchmal auch zwölf.

Zwölf Stunden am Stück schlafen! Das kann ich mir gar nicht mehr vorstellen. Ich glaube, für zwölf Stunden Schlaf am Stück würde ich meinen neuen Computer hergeben. Vermutlich würde ich von einem Zwölf-Stunden-Schlaf sofort Ausschlag bekommen, weil mein Körper das nicht mehr gewohnt ist!

Alle anderen Babys schlafen durch. Nur meine nicht.

Dabei mache ich doch alles richtig. Ich habe die Welt-literatur zum Thema Durchschlafen bei Babys auswen-dig gelernt.

Wir haben die perfekte Schlafumgebung: ohne Nest-chen, ohne Himmel, ohne Kuscheltiere, mit denen sich unser Sohn ersticken könnte. Er schläft im Babyschlaf-sack bei der perfekten Schlafzimmertemperatur von 17 bis 19 Grad. Wir haben diesen kleinen „Babybalkon", den man ans Elternbett anbaut. In dem schläft aber leider nicht das Baby, sondern ich. Beziehungsweise Teile von mir. Nick schläft leise schnorchelnd in mei-nem kuscheligen Bett, während ich mich Zentimeter für Zentimeter von ihm wegrobbe, um ihn ja nicht zu wecken. Mein Arm muss bei ihm liegen bleiben, also schiebe ich meinen Popo in den Babybalkon, um ein kleines bisschen mehr Platz zu haben. Völlig verrenkt liege ich da, um ihn nicht mit meiner Decke zu ersti-cken, ihm gleichzeitig aber noch meine beruhigende Nähe zu schenken.

Das ist falsch, ich weiß. Babys sollen alleine einschla-fen. Ohne Einschlafhilfe von Schnuller, Brust oder Waschmaschine (Eltern wissen, was ich meine). Wenn sie dann nachts aufwachen, ohne Schnuller, Brust oder Waschmaschine, fehlt ihnen nämlich nichts und sie schlafen wieder ein. Soweit die Theorie.

Wenn der Kleine abends um elf an meinem Busen einschläft, bin ich allerdings die Letzte, die ihn wecken würde, damit er kurz darauf erneut einschlafen kann, diesmal in seinem Bettchen. Tut er nämlich nicht.

Ich möchte den Menschen sehen, der mit einem Schlafdefizit von zehntausendzweihundertdreiundsiebzig Stunden ein Baby weckt, wenn er die Möglichkeit hat, zu schlafen!

Das andere Problem ist: Ich liebe mein Baby. Ich kann es nicht ertragen, wenn Nick nach meiner Nähe weint. Ist es nicht ein ganz verständliches Grundbedürfnis, nah bei Mama zu schlafen? Schließlich steckte er vor nicht allzu langer Zeit noch in mir drin.

Ich beziehe bei den langen Diskussionen um die Frage, ob und wie lange Kinder bei den Eltern im Bett schlafen sollen, keine eindeutige Position. Aber ich frage mich immer, wie es diesen viel zitierten Urvölkern geht, die ihre Babys jahrelang auf dem Rücken tragen und alle zusammen auf einer Bastmatte nächtigen. Haben die keine Rückenschmerzen? Sind die nicht genauso erledigt wie wir westlichen Eltern nach so einer Nacht? Wünschen die sich nicht auch manchmal morgens um fünf, der Storch würde kommen und das Baby wieder abholen? Er kann's ja um 11 Uhr wiederbringen ...

Wieso klappt das bei anderen Eltern? Liegt es am Stillen?

„Füttere ihn doch mal mit Brei", rät mir meine Mutter, als Nick gerade zehn Wochen alt ist. Sie ist da als 70er-Jahre-Mama leider keine Hilfe. Ich bekam als Baby alle vier Stunden eine Flasche, und wenn meine Mutter mich aus Versehen mal stillte, wurde ich vorher und nachher gewogen, ob ich auch genug getrunken hatte. „Hast du wirklich genug Milch?", fragt sie mich staunend bei jedem Kind. Und wenn ich jammere, weil meine Babys immer alle zwei Stunden kommen, rät sie mir, es doch mal mit Fencheltee zu versuchen.

Offenbar dauerte es aber auch bei mir damals zwei Jahre, bis ich durchschlief. Mir ist das Nicht-Durchschlafen also angeboren, da sollte es mir doch eigentlich nicht so viel ausmachen!

Ich kann die ganzen Geschichten von durchschlafenden Babys nicht mehr hören. Grässlich, diese ausgeschlafenen Mütter! Leute ohne Kinder grüße ich sowieso schon lange nicht mehr. Die schlafen schließlich jede Nacht durch, was ich unglaublich unverschämt finde. Die sollten Schlafsteuer bezahlen!

In zehn bis fünfzehn Jahren wird alles besser. Ich werde das Jahr 2020 zu meinem persönlichen Schlafjahr machen. Dann hole ich alles nach. In einem riesigen Bett ohne Babybalkon werde ich liegen, unter Satinrosenbettwäsche in himmlischer Ruhe, und schlafen. Schlafen, schlafen, schlafen, solange ich will. So lange, bis nachts um drei das Telefon klingelt und die Polizeistation Köln-West mich darum bittet, meine stark alkoholisierte 15-jährige Tochter abzuholen, oder die 12-jährige, die beim Nacktschwimmen im Freibad erwischt wurde. Oder den 10-jährigen Jungen, der in den Megastore eingebrochen ist, um DVDs zu klauen.

Ich werde den Beamten dann bitten, doch morgen früh um elf noch mal anzurufen, und auflegen.

Nächte des Grauens
Von Phantomschmerz und blauen Bussen

Kester Schlenz

Im Ehebett. „Gute Nacht, Schatz." „Nacht!" Stille. Langsames Hineindämmern in den Schlaf. „Uääh!" „Das ist Hannes", sagt Gesa. Ich stelle mich tot. Lauerndes Abwarten. Wer geht? Wer verläßt das warme, gemütliche Bett? „Uääääh. Uäääh!" Das Schreien erreicht Phase zwei. Die, bei der einem jeder Ton vom Kopf bis in die Füße fährt. Wie elektrischer Strom. Phase drei wäre dann die Dauerdröhnung: laut, durchdringend, hysterisch. Henri würde davon wach werden, verstört im Bett sitzen und fragen: „Was hat die Hannes?" Dann würde ein Elternteil den sogenannten „beidseitigen Tröstberger" springen müssen. Hannes tätscheln und „Is ja gut" murmeln, gleichzeitig den Älteren mit den Worten „Alles okay" aufs Kissen zurückdrücken, seine Spieluhr anreißen, um sodann den Schnuller des Jüngeren richtig herum in dessen schreiendes Maul zu drücken. Falls dieser auffindbar ist.
Nein, zu Phase drei soll es heute nicht kommen, nur weil wir uns mal wieder nicht einig werden können, wer sich hochwälzt. Fluchend stehe ich also auf, errei-

che Hannes und sage mit ernster Stimme: „Hannes, halt jetzt die Klappe. Das geht jetzt schon seit zwei Wochen so. Jedesmal, wenn wir gerade eingeschlafen sind, fängst du an zu brüllen. Hier ist dein Schnuller. Nimm hin den feuchten Gummidödel und schweig. Heute gewinnst du nicht. Du bleibst in deinem Bett. Wir in unserem, du in deinem. Schluß. Aus. Die Besucherritze ist tabu."

Ich schweige erschöpft, nehme Hannes auf den Arm und trage ihn zu uns ins Bett. „Ich bin ja so stolz auf dich", sagt Gesa. „Du warst so überzeugend. So eindringlich." Dann nimmt sie mir Hannes ab, legt ihn neben sich, und sofort – wie abgeschaltet – schweigt der Wurm. Er hat seinen Willen bekommen. Mir bleiben etwa zehn Zentimeter zwischen der Wand und Hannes' gefürchtetem Schwingarm, der nächtens wie ein Dreschflegel auf einen niederfahrt, um dann sackartig auf dem Gesicht des benachbarten Opfers liegenzubleiben.

Meist flüchte ich in ein Notbett ins Kinderzimmer. Oft geht das gut. Dann schlafe ich sogar ein paar Stunden. Aber manchmal beginnt ein anderes Spiel. Dann wird nämlich der Große wach. Warum? Fragen Sie mich nicht. Er ist jetzt schon fünf. Aber er wird einfach wach, schluchzt leise in sich hinein und jammert: „Wo ist mein blauer Bus?" Ja, was sagt man da? Zur Verfügung stünden:

1) „Dein blauer Bus ist unten im Spielzimmer. Jetzt ist es 24 Uhr. Und es wird weitergeschlafen, und damit basta."
2) „Dein verdammter Bus ist unten. Und wenn du nicht aufhörst zu jammern, schmeiß' ich ihn weg."
3) (die am häufigsten gewählte Möglichkeit) „Is' ja gut. Papa holt deinen Bus." Papa torkelt Treppe hinunter, tritt mit nackten Füßen auf vagabundierende scharfkantige Legosteine, entdeckt den Bus, erreicht humpelnd endlich das Bett und findet seinen Ältesten längst wieder schlafend vor. Ja, und da steht man dann mit einem blauen Bus und fragt sich, ob man sie eigentlich noch alle beisammen hat.

Eine andere Variante, Eltern systematisch zu zermürben, ist der sogenannte Phantomschmerz. Das läuft so: Henri erwacht, schreit auf und wimmert anschließend leise. In Sekunden haben sich beide Eltern an sein Bett „gebeamt". „Was ist denn, mein Kleiner?" – „Mein Fuß tut weh!" – „Laß mal sehen. Mmmh, ich sehe da gar nix." – „Nein, der andere hat Weh." – „Moment, eben hast du doch diesen Fuß hochgehoben."

So geht das dann eine ganze Zeit, bis wir nach einigen Diskussionen und sanftem Tätscheln unverrichteter

Dinge wieder ins Bett gehen und Henri weiterschläft. Ha, ich weiß, jetzt werden Sie denken: Was für Ignoranten! Dem armen Kind könnte doch der Fuß eingeschlafen sein. Ein Krampf könnte den Kleinen gepeinigt haben. Jaaaa, das dachte ich auch. Und vielleicht war ihm das eine oder andere Mal die kleine Mauke auch eingeschlafen. Aber ansonsten, behaupte ich, war es terroristisch motivierter Phantomschmerz. Denn: Der Fuß ist nur eine von zahllosen Schmerz-Varianten. Es gibt da noch ein paar Klassiker wie Bauchweh und Halsweh. Überzeugend! Wir reichten Tee und Wickel. Aber was zum Teufel ist „Haarweh"? Wer hat schon mal was von „Beinweh" und „Kinnweh" gehört? Diese Phantomschmerz-Varianten dienen einzig und allein dem Zweck, sich Zuwendung zu erschleichen. Vielleicht hatte der kleine Mann geträumt. Das hätte man verstanden und entsprechend reagiert („Nein, Henri, Trecker fahren nicht durch dein Bett"). Aber weil er eben noch nicht genau wußte, was Träumen ist, benutzte Henri die Spitzenmethode mit dem Phantomschmerz, um sich trösten zu lassen. Der betreffende Körperteil mußte nämlich immer nur kurz „gedreichelt" werden, dann war auch bald wieder alles gut. Wir „dreichelten" also stets munter drauflos und therapierten so das „Fingerweh" usw.

Zum Thema „eingeschlafene Füße" muß ich noch etwas nachtragen. Wir wußten schnell, wann ihm die nächtens nicht eingeschlafen waren. Ganz einfach, weil Henri dieses Phänomen anders bezeichnet. Einmal nämlich saß er etwa eine halbe Stunde auf der Toilette. Die gummibestiefelten Füße baumelten herunter. Schließlich rief er um Hilfe und behauptete, er habe „Sand in den Stiefeln". „Sand, der da so runterläuft." Wir zogen ihm die Schuhe aus. Kein Sand, kein Steinchen. Nichts. Bis wir nach einigem Hin und Her schließlich merkten, daß er uns lediglich mit diesem anschaulichen Vergleich klarmachen wollte, daß ihm die Füße eingeschlafen waren.

Die gemeinste, perfideste und ekligste Methode zur Zertrümmerung elterlicher Nachtruhe ist jedoch das gefürchtete Ins-Bett-Pinkeln. Es ist die lautlose, guerillaartige Variante, die seitens des Kindes keine bewußte Interaktion erfordert. Einfach nur das leichte Entspannen eines Schließmuskels im Blasenbereich (falls man das so nennt), und schon ist die Bescherung da.

Das Kind meldet sich in diesem Fall kurz nach dem Einnässen durch leises Wimmern, schläft aber meist, sich unruhig wälzend, weiter. Der betroffene Elternteil nähert sich dem Bett. Sieht auf den ersten Blick nichts Verdächtiges, ahnt jedoch, was kommt. Ein Griff unter die Decke – und alles ist klar: naß, nässer, ein urinöses Inferno. Man hatte zunächst noch gehofft, nach kurzem Trösten wieder in komatösen Schlaf zurückfallen zu können. Aber jetzt heißt es: Kind aus dem nassen Schlafanzug schälen, irgendwo zwischenlagern. Das Bett neu beziehen. Das Kind reinigen und trocknen. Es wieder anziehen und in den Schlaf schunkeln. Anschließend sitzt man dann morgens gegen drei knackwach am Kinderbett. Und ist fertig mit den Nerven – aber nicht böse. Denn wenn Henri damals (heute näßt er nicht mehr) nackt und frierend darauf wartete, daß ich ihm den frischen Schlafanzug anzog, und sich dann dankbar in meine Arme kuschelte, dann, na, dann konnte ich mich eben trotzdem nur freuen über meinen fiesen Nachtwächterjob. Mein Freund Meck behauptete übrigens einmal, wir wären doch selber schuld, daß Henri gelegentlich das Bett nässe. Da wir seine Wehwehchen nicht ernst nähmen und gemeinerweise vom Phantomschmerz sprächen, greife das Kind auf eine gerade sehr populäre Heilmethode zurück: die Eigenurin-Behandlung!

15. März

Idilkó von Kürthy

Zurzeit beschäftigen mich zwei Themen ganz besonders: Kommunikation und Karriere. Und zwar in unterschiedlichster Hinsicht.

Zunächst wäre da mein anbetungswürdiger Sohn Schlomuckel, der mit fast elf Monaten bereits sprechen kann. Ein Hochbegabter, ganz eindeutig. Er kann jedes Ding, auf das er zeigt – und er zeigt ständig auf etwas –, richtig benennen! Mit einem feurigen und selbstbewussten „DA!" deutet er auf Autos, Hunde und seinen Vater.

Ich habe gehört, dass andere gleichaltrige Kinder bei solchen Gelegenheiten „Auto", „Wauwau" und „Papa" sagen. Pah, da lob ich mir doch die intellektuelle Höchstleistung meines Kindes, das einen übergeordneten, immer zutreffenden Sammelbegriff für einfach alles gefunden hat.

Während die sprachliche Entwicklung meines Sohnes also rasante Fortschritte macht, lässt in ebensolch rasantem Maße das Kommunikationsniveau der ihn umgebenden Erwachsenen nach. Dass man mit anderen Müttern hauptsächlich über Kinder spricht, finde ich allerdings natürlich und wichtig. Gerade als späte Erstgebärende ist man ja sonst relativ allein mit dem Interesse für Themen wie „Was ist zu tun bei nässendem Ausschlag im Windelbereich?", „Welches Schaukelpferd ruiniert das Parkett am wenigsten?" und „Bindegewebe – was ist das?". Es ist wohltuend zu hören, dass man mit seinen Ängsten und Unsicherheiten nicht allein ist. Ich persönlich schlafe schon gleich viel besser, wenn ich weiß, dass andere auch so schlecht schlafen.

Jedoch finde ich, dass auch die Unterhaltungen mit kinderlosen Menschen durch die Anwesenheit eines Kindes an Reiz und Vielfalt verlieren.

Patenonkel Clemens zum Beispiel – ein Mensch mit weitgefächerten Interessen und hochkarätigen Problemen, also eigentlich ein interessanter Gesprächspartner – benimmt sich immer merkwürdiger.

Ich frage also bei seinem letzten Besuch: „Wie läuft es in der Klinik? Heute schon ein paar Leben gerettet?"

Seine Antwort: ein dumpfes „Hmmm".

Auf ein kurzes Schweigen folgt dann ohne Vorwarnung eine donnernde, unerwartet engagierte Äußerung: „DUDUDUDUDADA! JA WO IST DENN MEIN BUBIBUBIBUBI?" Dann stürzt sich der Onkel ohne Vorwarnung auf das Baby, beide wälzen sich grunzend und kichernd über den Boden und geben mir dadurch Zeit, zum Beispiel eine Waschmaschine aus-, eine Spülmaschine einzuräumen oder ein packendes Selbstgespräch zu führen.

Ähnliches geschah neulich, als mich Mona besuchte. Wir sitzen auf dem Sofa, Baby beschäftigt sich ganz idyllisch mit einem Spielzeug, das ausnahmsweise keinen ohrenbetäubenden Lärm macht, und ich beginne ein ernstes Gespräch über ihren seltsamen Ehemann: „Und was macht Peter? Geht er noch zur Therapie?"

Mona denkt kurz nach, zumindest denke ich, dass sie denkt. Dann sagt sie: „Wenn das so weitergeht, läuft er in zwei Monaten."

Ich gucke irritiert, mein Sohn winkt uns zu, ruft: „DA!", und Mona brüllt begeistert: „Hey, der kennt meinen Namen!"

Mit einem gehaltvollen Gespräch ist jetzt natürlich nicht mehr zu rechnen. Am Rande bemerkt sei hier, dass mein Sohn nicht nur alles „DA!" nennt, sondern auch allem zuwinkt. So macht er sich bei Passanten, Postboten und Fleischereifachverkäuferinnen beliebt, die sich alle persönlich geschmeichelt fühlen, nicht wissend, dass er den Laternenmast um die nächste Ecke genauso hingebungsvoll begrüßen wird.

Die Kommunikation zwischen Eheleuten, die Eltern geworden sind, verändert sich selbstverständlich auch grundlegend.

Beispielsweise schaut man sich beim Reden in der Regel nicht mehr an. Erstens, weil mindestens einer immer das Kind im Auge behält, um zu vermeiden, dass Nachwuchs oder Porzellan zu Schaden kommt. Und zweitens, weil mindestens einem, meistens beiden, immer die Augen zufallen.

Denn die Nächte sind nach wie vor selten ungestört. Entweder hat das Baby Husten, Schnupfen, Zahnschmerzen von Zähnen, die noch gar nicht da sind, oder einfach keinen Bock auf Schlafen.

Oder aber man hat sich einen total wilden, kinderfreien Abend organisiert, ist nach drei Gläsern Sekt stockbetrunken, fällt um elf komatös ins Bett und wacht um fünf Uhr morgens vom sauren Aufstoßen auf.

Das bringt mich zu dem zweiten Punkt, der mich beschäftigt: Karriere.

Wie schafft man es, einen zuverlässigen und belastbaren Eindruck zu hinterlassen bei Vorgesetzten oder solchen, die es werden sollen, wenn man nach einer Vier-Stunden-Nacht Augenringe bis zur Kaiserschnittnarbe hat und ein Hirn, das programmiert ist auf reduzierte primitive Satzkonstruktionen wie: „Hat das Baby ein kleines Kackikacki gemacht?"

Zwei Dinge sind unerlässlich bei geschäftlichen Terminen einer den Wiedereinstieg planenden Mutter: ein Handy mit Vibrationsalarm und ein sehr gut deckendes Make-up.

Vorbei die Zeit, in der man mit einer leicht getönten Tagescreme das Haus verlassen konnte, ohne von wildfremden Menschen gefragt zu werden, ob man sich nicht lieber einen Moment hinsetzen möchte.

Für die ganz harten Tage habe ich mir jetzt ein Hammerzeug aus der Apotheke besorgt, mit dem man üblicherweise Narben abdeckt. Ich sehe dann zwar aus wie Dolly Buster – im Gesicht natürlich nur –, aber kein Augenring mehr weit und breit.

Den Vibrationsalarm braucht man natürlich, um dezent erreichbar zu sein für den Babysitter, die Oma, den Vater oder wer auch sonst sich bereit erklärt hat, das Kind zu hüten. Wenn mein Handy vibriert, fahre ich allerdings mittlerweile genauso erschrocken zusammen, als würde ein Silvesterböller direkt neben meinem Ohr losgehen.

Zusammenfassend lässt sich sagen, dass es eine Höchstleitung ist, gleichzeitig ein Kind zu haben und eine Karriere zu machen. Es ist nämlich schon eine

Höchstleistung, ein Kind zu haben und keine Karriere zu machen beziehungsweise kein Kind zu haben und eine Karriere zu machen.

Ich habe eine helfende Oma, einen sehr präsenten Kindsvater, einen geradezu überengagierten Patenonkel und demnächst einen Krippenplatz. Trotzdem schreibe ich diese Zeilen im Schlafanzug, über den ich mir recht modebewusst eine Trainingsjacke gezogen habe. Mein Haar verströmt einen eigenwilligen säuerlichen Geruch, weil mein Sohn sein gehaltvolles Bäuerchen heute Morgen mitten in den Schopf gemacht hat.

Es ist zwölf Uhr mittags, und in einer Stunde habe ich einen wichtigen Termin mit der „Brigitte"-Chefredaktion.

„Du darfst nicht alles perfekt machen wollen", hat mir Johanna geraten.

Nun ja, das war ehrlich gesagt zum Glück noch nie mein Problem. Hätte ich auch nur einen Hauch von Hang zum Perfektionismus, dann hätte ich eine Frisur auf dem Kopf statt einfach nur Haare. Dann würde ich auch nicht in fünfzig Prozent der Klamotten aus meinem Kleiderschrank nicht mehr reinpassen – und zwar ausgerechnet in die hochwertige Hälfte mit den hautengen Lederhosen, den auf Figur geschnittenen Designerkleidern und den kniehohen Stiefeln von Yves Saint

Laurent, aus denen meine schweren Waden mittlerweile oben rausquellen wie zerplatzte Weißwürstchen.

Wollte ich perfekt sein, dann würde ich termingerecht Weihnachtskarten auf Büttenpapier verschicken und mich für Einladungen am darauffolgenden Tag mit einem kleinen Blumengruß bedanken.

Wollte ich perfekt sein, dann würde ich das Kochen gänzlich meinem Mann überlassen, den Tisch für unsere Gäste nicht mit mindestens zwei unterschiedlichen Servicen decken, und der Nachtisch bestünde nicht aus vier Tafeln „Ritter Sport"-Schokolade und zwei Packungen Toffifee, kredenzt in den jeweiligen Originalverpackungen.

Wollte ich perfekt sein, dann würde ich unsere Gartenmöbel im Winter mit Gartenmöbelabdeckplanen abdecken, und im Frühjahr würde ich die Tischplatte anschleifen und ölen.

Wollte ich perfekt sein, dann würde ich Sachen sagen wie Anja, die eine vierjährige Tochter hat und mir neulich erklärte: „Ich habe nur ein Kind, weil ich weiß, dass ich ab zwei Kindern meinen hohen Ansprüchen an mich und an meine Vorstellung von Perfektion nicht mehr gerecht werden könnte."

Da hab ich trocken geschluckt und mich im Stillen dazu beglückwünscht, dass ich so niedrige Ansprüche an mich habe und dass meine Vorstellung von Perfektion das Gegenteil von Perfektion ist.

Man darf sich bloß nicht verrückt machen lassen von denen, die ums Verrecken alles richtig machen wollen. Als ich in der letzten PEKiP-Stunde erzählte, in welche Kita mein Sohn ab nächsten Monat gehen wird, rümpfte Bettina neben mir gut sichtbar die Nase. Sie wolle mich ja nicht verunsichern, aber gerade mit dieser Einrichtung habe eine Freundin von ihr sehr schlechte Erfahrungen gemacht.

Ich natürlich in höchster Alarmbereitschaft! Denke an Schwermetalle im Essen, unsichere Klettergerüste, brutale Erziehungsmethoden bis hin zum Eckestehen oder Poversohlen. „Was ist denn geschehen?", fragte ich also bereits extrem verunsichert.

„Der kleine Sohn einer Freundin hatte zweimal noch etwas Pup am Hoden, als sie ihn nach der Kita bei sich zu Hause gewickelt hat", sagte Bettina und schwieg anschließend gewichtig.

Pup am Hoden?

Habe ich richtig gehört?

Befinde ich mich hier wirklich in einem Raum mit Menschen, denen die Worte „Pup am Hoden" aus dem Mund kommen? Was ist bloß aus mir geworden?

Ich sagte: „Der Kleine hatte noch Kacke am Sack, und

deswegen wollte deine Freundin die Kita wechseln?"

„Die Wichtigkeit der hygienischen Bedingungen in Kindertageseinrichtungen ist nicht zu unterschätzen", sagte Bettina spitz und wandte sich auf der Suche nach einer verständnisvolleren Gesprächspartnerin ab.

Ich bin ja durchaus ein Wesen mit etlichen fragwürdigen Charakterzügen, aber ich bin dankbar und froh, dass überhaupt Menschen Berufe ergreifen, die beinhalten, meinem Sohn die Scheiße vom Hintern zu wischen. Wenn ich keine Kontaktlinsen drinnen habe, übersehe ich ständig irgendwelche Kackreste – ohne mich deswegen als schlechte Mutter zu geißeln oder die hygienischen Zustände bei uns zu Hause dem Umweltbundesamt zu melden.

PUP AM HODEN.

Ich fasse es nicht.

27

Die Schlabbersocken-Papis

Amelie Fried

Jetzt wollen wir uns auch die Papis mal genauer anse-
hen. Papis, das sind Väter, die früher Männer waren.
Leider wissen sie das nicht mehr. Und wir Frauen denken sehnsuchtsvoll an die Zeit, als sie es noch wussten.
Männer! Sind das nicht diese wunderbaren Wesen mit
schmalen Hüften und kantigen Gesichtern, deren Anblick
und Berührung uns in Ekstase versetzen können? Auf
deren Anruf wir tagelang warten, ohne zu essen, ohne zu
schlafen, voller Sehnsucht und Erwartung? Deren
Stimme uns einen Schauer des Entzückens über den
Rücken jagt und den Wunsch in uns entstehen lässt, sie
immer wieder zu hören, die süßen Liebesworte, heiser in
unser Ohr geflüstert? Männer! Bewundernswerte Kämpfer, die es mit dem Videorekorder, dem Computer und
dem Auto ebenso aufnehmen wie mit der Getränkekiste
und dem Wochenendeinkauf. Die wir uns in schwachen
Stunden mit einem Baby auf dem Arm vorstellen oder mit
tobenden Jungs auf einem Abenteuerspielplatz. Und
irgendwann ist es so weit: Wir haben ihn gefunden, den
Traummann. Unsere Hormone tanzen, die Phantasie
spielt verrückt, wir wollen *ihn* und keinen anderen.

Fünf Jahre später: Wir haben *ihn* gekriegt, und danach zwei Kinder. Alles ist gut. Alles ist gut?

Morgens sagt er fast nichts mehr, jedenfalls keine süßen Liebesworte. Er verschwindet mit seinem abgeschabten Pyjama im Bad. Dort hinterlässt er Barthaare im Waschbecken, eine offene Zahnpastatube und achtlos in die Ecke gekickte Boxershorts. Das Frühstück nimmt er hinter der Zeitung ein, die morgendlichen Verrichtungen (Schulbrote schmieren, Schwimmzeug einpacken, nach verlorenen Heften fahnden) überlässt er uns. Tagsüber erweist er sich immer noch als toller Kämpfer – leider nur in seiner Firma, deshalb bekommen wir nichts davon mit. Die Getränkekiste und den Einkauf schleppen wir selbst, der Videorekorder ist und bleibt kaputt. Unsere Vorschläge zur Freizeitgestaltung (ins Kino, zum Tanzen, ein Wochenende wegfahren?) werden abgelehnt. Zu müde. Keine Lust. Ein Bundesligaspiel im Fernsehen.

Die Stimme jagt uns auch keine Schauer des Entzückens mehr über den Rücken. Reichst du mir mal mein Bier rüber? Danke. Keine Ursache.

Wir sehen uns den Mann, der da auf dem gemeinsam angeschafften Sofa sitzt, genau an. Was ist bloß aus dem schmalhüftigen Adonis mit dem kantigen Gesicht geworden?

Ein grauer Durchschnittsmann, dessen Bauch bei unserer ersten Schwangerschaft bis zum siebten Monat mitwuchs und dann so blieb. Schlecht geschnittene Haare (weil er aus Sparsamkeit immer ins Lädchen an der Ecke geht, statt zu einem anständigen Friseur). Langweilige, hellblaue Hemden, ausgeleierte Socken, die immer gleichen, schwarzen Spießer-Halbschuhe. Was, verdammt, haben wir mal an dem Kerl gefunden? Unsere Gedanken wandern. Zu Micha, unserer ersten, großen Liebe. Wie der wohl heute aussieht? Immer noch ein Adonis oder auch ein Schlabbersocken-Papi? Oder zu Uli, unserer zweiten, großen Liebe. Der nie Kinder wollte und heute alleinerziehender Vater von zwei Jungen ist. Oder zu dem smarten Bankierssohn, der uns eine Weile den Hof gemacht hat. Von dem wären wir vielleicht schon reich geschieden. So viele Männer, so viele Wege. Und wir sitzen da mit dem Mann, den wir unbedingt wollten!

Also, Männer, strengt euch an, verdammt noch mal. Für den Einkauf und die Getränkekiste brauchen wir euch nicht (obwohl ein bisschen Hilfe nett wäre), auch die Schulbrote schmieren wir zur Not selbst. Aber unsere Träume sind leer ohne euch. Gebt uns eine Chance, wieder von euch, unseren Männern, zu träumen! Sonst träumen wir bald von anderen.

Und noch was: Kauft euch endlich mal ein paar anstän-
dige Socken!

Der Kinderflüsterer

Michaela Thewes

Es ist bekannt, dass Kinder keinen Spinat mögen. Unsere Tochter liebt Spinat. Hätte Louisa für Möhren auch nur halb so viel Begeisterung aufgebracht wie für das Gemüse mit dem Blubb, wären wir bestimmt die glücklichsten Eltern der Welt gewesen. Wenn es um Vitamine ging, kannte meine Frau nämlich kein Pardon. Einmal die Woche gab's Möhren. Basta. Das war gut für Louisas Gesundheit, aber schlecht für den häuslichen Frieden. Als Mutter und Tochter mal wieder mit Lätzchen und finsteren Mienen zum allwöchentlichen Kräftemessen antraten – aus dem, nebenbei bemerkt, immer Louisa als Siegerin hervorging –, konnte ich das Elend nicht mehr länger mitansehen.

Ich nahm meiner Frau das Schüsselchen mit den Möhren ab. „Lass mal, Britta. Ich mach das schon."

„Du? Du willst sie füttern?" Meine bessere Hälfte musterte mich, als hätte ich mir vorgenommen, mit dem Schlauchboot Kap Hoorn zu umrunden. „Bist du dir wirklich sicher?"

Natürlich war ich mir sicher. Sicher, dass ich ein riesiges Rindvieh war. Die Fußballübertragung konnte ich knicken! Vielleicht hätte ich sogar noch einen Rückzieher gemacht, wenn Louisa nicht gerade zu dieser Zeit mit dem Sprechen begonnen hätte. Ihr erstes Wort war „Mama" gewesen. Völlig o.k. und auch für mich als Vater durchaus akzeptabel – wenn als nächstes Wort nur „Papa" gefolgt wäre. Doch Fehlanzeige. Mittlerweile konnte sie „Heia" und „Wauwau" sagen. Und „Titti", was, frei übersetzt, wohl so viel hieß wie „Diverses", denn „Titti" diente als Sammelbegriff für alles, was nicht „Heia" oder „Wauwau" war. Des Nachts plagten mich nun immer öfter Albträume: Louisa würde fehlerfrei „hyperventilieren" buchstabieren, ehe sie auch nur ein einziges Mal das Wort „Papa" über die Lippen gebracht hatte. Herrgott noch mal, das Kind war viel zu sehr auf seine Mutter fixiert! Das musste sich ändern. Und so schickte ich meine Liebste zwecks Stärkung der Vater-Tochter-Beziehung aus dem Zimmer.

Jetzt waren wir unter uns. Nur Louisa und ich – und die Möhrchen. Ich beschloss, es erst einmal auf die konventionelle Art zu probieren. Warum das Rad neu erfinden? „Ein Löffelchen für Mama, ein Löffelchen für Papa…" Doch Louisa bockte wie ein sizilianischer Maulesel. Drohen, bitten, betteln – nichts half. Als Britta ins Zimmer zurückkehrte, war das Schüsselchen immer noch randvoll. Ich hasste diesen Ich-hab's-dir-ja-gleich-gesagt-Blick. Er bewirkte bei mir zwei Dinge. Erstens fühlte ich mich wie ein Versager. Zweitens stachelte er meinen Kampfgeist an. So schnell würde ich mich nicht geschlagen geben!

Bei der nächsten Möhrchenverköstigung ging ich gewiefter vor. Ich schnitt so lange lustige Grimassen, bis Louisa begeistert in die Händchen klatschte und jauchzend den Mund aufriss. Genau auf diesen Moment hatte ich gewartet ... Na bitte, war doch gar nicht so schwer. Die Möhrchen befanden sich in Louisas Mund. Für geschätzte 0,3 Sekunden.

Zum Glück sind Karotten orange und nicht braun oder schwarz. So eine frische, fröhliche Farbe macht sich doch eigentlich ganz gut an der Wand. Aber die Geschmäcker sind nun mal verschieden. Schimpfend wie ein Rohrspatz kratzte Britta wenig später das Zeugnis meiner Niederlage wieder von der Tapete.

Trotz dieser Schlappe blieb ich weiter am Ball. Ich ließ mich sogar dazu herab, meiner Tochter Häschenwitze zu erzählen, um ihr die Karotten schmackhaft zu machen. „Hat du Möhrchen?" Doch offenbar hatte Louisa nicht bloß Brittas Dickkopf, sondern auch meinen Intellekt geerbt. Die albernen Witze waren eindeutig unter ihrem Niveau. Und so hielt ich ihr einen langen Vortrag über Vitamine, der sicher gefruchtet hätte, wenn Louisa nicht zwischendrin eingeschlummert wäre. Was nun? Mit Druck erreicht man bei Kindern erfahrungsgemäß gar nichts, aber vielleicht mit Diplomatie? In meiner Not unterbreitete ich Louisa ein verlockendes Angebot: Möhrchen gegen neue Puppe. Aber meine Tochter war nicht bestechlich, was mich als Vater einerseits mit großem Stolz, andererseits aber auch mit tiefer Ratlosigkeit erfüllte. Langsam war ich mit meinem Latein und meinen Nerven am Ende. Ich beschloss, mir und den Möhren noch eine allerletzte Chance zu geben.

In den folgenden Tagen beobachtete ich Louisa in jeder freien Minute. Dabei stellte ich fest, dass unser kleiner Trotzkopf immer genau das Gegenteil von dem tat, was er eigentlich sollte. Basierend auf dieser Erkenntnis, entwickelte ich eine völlig neue Taktik: Über das Schüsselchen mit den Möhren hinweg sah ich mein Töchterchen streng an, wand ihr den Löffel aus dem Patschhändchen und knurrte: „Nein, Louisa, heute ist Montag, da darfst du keine Möhrchen essen." Zum Glück konnte Louisa noch nicht fragen, warum Möhren ausgerechnet montags tabu waren. Stattdessen riss sie überrascht die Augen auf. Dann begann es um die kleinen Mundwinkel zu zucken. Unwetterwarnung!

Kurz darauf wurden die blauen Äuglein auch schon geflutet. Wasser, marsch, marsch!

Weichherzig, wie ich war, gab ich mich geschlagen und ließ der Kleinen ihren Willen: „Na gut, weil du's bist." Zufrieden mümmelte das Kind die Möhren. Einen Bissen nach dem anderen. Bis kein Fitzelchen mehr übrig war. Im Geiste sah ich mich bereits an meinem Computer sitzen und Erziehungsratgeber schreiben, die mir leidgeplagte Eltern nur so aus den Händen reißen würden. Aber vor meinem großen Auftritt in der Öffentlichkeit wollte ich mich erst einmal im kleinen, privaten Kreis feiern lassen.

Britta war sichtlich beeindruckt. „Wie, in Gottes Namen, hast du das denn geschafft?!"

„Das bleibt unser Geheimnis, nicht wahr, Louisa?"

Louisa grinste. Und schwieg.

Am nächsten Tag musste ich jedoch feststellen, dass meine Frau von meinen Vaterqualitäten noch nicht restlos überzeugt war. Erneut wurden Möhren auf Louisas Speiseplan gesetzt. Unter einer abwechslungsreichen und ausgewogenen Ernährung verstand ich etwas anderes. Aber bitte, wenn Britta das mit ihrem mütterlichen Gewissen vereinbaren konnte …

Also, Mama raus aus dem Zimmer und die ganze Prozedur noch einmal von vorn, nur mit geändertem

Wochentag. „Heute ist Dienstag, da darfst du keine Möhrchen essen."

Und siehe da, der Trick funktionierte nicht nur montags, sondern auch dienstags. Und an allen anderen Wochentagen. Beflügelt durch diesen Triumph, wurde ich mit der Zeit immer experimentierfreudiger. Warum sollte sich meine revolutionäre Erziehungsmethode nicht auch auf andere Lebensbereiche übertragen lassen?

Volltreffer!

Bei aller Bescheidenheit, der Erfolg gibt mir Recht. Wenn meine kleine Prinzessin sich heute weigert, eine kratzende Strumpfhose anzuziehen, ihre Milch auszutrinken oder ins Bettchen zu gehen, werde ich als Retter in der Not herbeigerufen. Ein kurzes Gespräch unter vier Augen, und schon ist die Sache geritzt.

Ja, ich gebe es gerne zu: Ich genieße die bewundernden, beinahe ehrfürchtigen Blicke, die mir meine Frau neuerdings zuwirft. Ich bade geradezu darin. Ein besseres Wellnessprogramm für das Ego kann Mann sich nicht wünschen. Quasi über Nacht bin ich vom 08/15-Vater zum Superdaddy aufgestiegen. Unter Brittas Freundinnen werde ich gar als eine Art Kinderflüsterer gehandelt. „Könnte dein Mann nicht auch mal bei unserem Oliver …"

Nein, kann er nicht! Ich konzentriere mich derzeit voll und ganz auf Louisa. Mit beachtlichem Erfolg. Unsere Vater-Tochter-Beziehung ist viel inniger geworden. Neulich hat Louisa sogar „Papa" gesagt! Ich hoffe nur, dass sie sich mit „Montag", „Dienstag" und all den anderen Wochentagen noch etwas Zeit lässt. Denn meine Tochter wäre das erste weibliche Wesen, das ein Geheimnis für sich behalten kann …

Tochter

Beni Frenkel

Seit drei Monaten bin ich stolzer Vater einer entzücken-
den Tochter. Die Geburt hat mich dermaßen aufge-
wühlt, dass für mich alle Dinge relativ wurden. Bin ich
früher neidisch an Porsches vorbeigelaufen, stolziere ich
heute fröhlich mit dem Kinderwagen neben Carrera,
Cayenne und Company. Der Kinderwagen meiner Tochter hat nicht viele PS, dafür ungehemmte Vaterstärke.
Autos sind also nebensächlich in meinem Leben geworden. Dafür fahre ich häufiger mit dem Zug. So wie
letzte Woche. Ich mache es mir in meinem Abteil
gerade gemütlich: Zeitung ausbreiten, Schuhe auszie-
hen und drei belegte Brote (Thunfisch, Lachs, Käse)
auspacken. So gefällt mir das Leben. Auf der anderen
Seite des Abteils sitzt ein anderer Vater mit seiner dreijährigen Tochter und betrachtet mit ihr ein Bauernhof-
Bilderbuch. Ich zwinkere dem Mann zu und denke an
mein süßes Mädchen. Mit der linken Hand halte ich
die Zeitung, mit der rechten führe ich das Thunfisch-
Sandwich in meinen Mund. So stelle ich mir das Para-
dies vor: Essen und dabei Zeitung lesen. Zwischen den
Bissen schaue ich aus dem Fenster raus, bestaune die

schöne Schweizer Landschaft und grunze zufrieden. Den Auslandsteil der Zeitung habe ich gerade durchgeblättert, nun nehme ich den Sportbund in die Hand – und da steht das Mädchen plötzlich mit großen Augen vor mir. Ich fahre ein bisschen zusammen und versuche sie anzulächeln. Das Mädchen rennt zu ihrem Vater zurück und sagt: „Ich will ein Sandwich essen wie der Mann dort!" – „So, komm jetzt, Regula. Wir müssen noch das Buch fertig anschauen!"

Das Mädchen setzt sich wieder. Ich versuche mich auf die Zeitung und das Essen zu konzentrieren.

Vergeblich. Regula, das Mädchen, schaut immer wieder zu mir. „Papi, warum darf ich nicht so ein Sandwich essen?" – „Pscht, wir sind ja bald zu Hause." – „Papi, warum hat der Mann dort drei Sandwich-Brote?" – „Ui, schau mal die Kühe in diesem Buch an. Weißt du, welche Geräusche sie machen?"

Ich konnte nicht mehr essen. Die Dreijährige war von ihrem Platz aufgestanden und stand nun direkt vor mir. Ihr hungriger Blick verdarb mir den Appetit. „Na, willst du ein bisschen von dem Brot?", fragte ich.

Mein Angebot klang wahrscheinlich nicht so großzügig und offenherzig. Auf jeden Fall rannte das Mädchen zu ihrem Vater zurück. Der, ein bisschen nervös geworden, schaute das Mädchen streng an. „Jetzt ist fertig, Regula. Du störst den Herrn nicht nochmal."

Ich lächelte gequält. „Och, das macht doch nichts."

Schnell verschlang ich den Rest des Thunfisch-Sandwichs und las gedankenverloren die Berichte im Sportteil. Meine Gedanken kreisten nun um das Lachs- und das Käse-Sandwich. Sie lagen neben mir. Ich hatte großen Hunger, vor allem auf den Käse. Doch das Mädchen, das mich immer noch fixierte, ließ mich nicht ran. Oh Gott, eine Dreijährige stellte mir die ganze Reise auf den Kopf!

In meiner Not dachte ich sogar daran, auf die Toilette zu gehen und dort weiter zu essen. Ich wünschte mir, die Schweizerische Eisenbahn würde so schnell fahren wie ein deutscher ICE. Ich dachte nochmals an meine Tochter. Wird sie dereinst mein Leben auch so bestimmen? Komme ich noch zum Essen? Schwere Gedanken trübten meine Seele.

„Alle Fahrschein bitte!"

Jäh werde ich von meiner Sandwich-Depression aufgerüttelt. Ich öffne mein Portemonnaie, um den Fahrschein hervorzuklauben, da sehe ich das Foto meines kleines Mädchens. Wie sie lacht! Wie sie strahlt! Die Nase, der Mund, die Beinchen – hat sie alles von ihrem Papi! Ich schmelze dahin. Oh ja, so ein Sonnenschein darf mein Leben aus der Bahn bringen!

Pädagogische Freiheiten

Horst Evers

Montagnachmittag. Passe auf die fünfjährigen Zwillinge von Julia auf. Gerade zeige ich ihnen, wie man bei einem Prinzenrollenkeks ganz vorsichtig den oberen Keksdeckel abnehmen kann, die Schokolade innen rauskratzt, sodass nur außen ein kleines Schokoladenmäuerchen bleibt, auf das man dann den oberen Keksdeckel wieder drauflegt, wodurch ein hohler Prinzenrollenkeks entsteht, den man dann ohne weiteres in die Packung zurücklegen kann. Es würde also niemand bemerken, wenn man aus einer Packung Prinzenrolle die gesamte innere Schokolade rausnaschte.

Wenn ich auf die Kinder aufpasse, bemühe ich mich immer, mit ihnen mal was Ungewöhnliches zu machen, wofür den Eltern doch meist die Zeit fehlt. Später werde ich mit den Kindern noch überlegen, was man in so einen Prinzenrollenkeks statt der Schokolade reintun könnte: saures Brausepulver, superscharfe Halspastillen oder ein Stückchen Stinkekäse etwa. Vielleicht haben die Kinder aber auch eigene Ideen. So wird aus einer schlichten Geschicklichkeitsübung – vorsichtig den Deckel lösen, Schokolade rauskratzen,

Deckel sanft wieder draufdrücken – am Ende sogar noch etwas, was die Kreativität anregt und fördert. Ich glaube, ich bin schon ein ziemlich guter Babysitter. Außerdem ist, wenn ich ihnen wohldosiert nervigen Scheiß beibringe, auch auf elegante Weise sichergestellt, dass ich nicht zu häufig als Babysitter angefragt werde.

Als sie drei Jahre alt waren, habe ich ihnen beispielsweise beigebracht, wie man mit zwei faulen Äpfeln, einer braun gewordenen Banane, einer großen Plastikschüssel und einem Handtuch sein eigenes, riesiges Fruchtfliegenvolk züchten kann. Ich wurde ein Jahr lang nicht mehr als Babysitter angefordert. Und das, obwohl doch allgemein bekannt ist, wie positiv es für die Entwicklung von Kindern ist, wenn sie möglichst früh lernen, Verantwortung für Tiere zu übernehmen. Für mich ist es natürlich auch entspannend, auf Kinder aufpassen zu dürfen, für deren Erziehung und weitere Entwicklung man jetzt nicht so wahnsinnig verantwortlich ist. Also nicht in dem Maße wie bei eigenen Kindern. Man rein pädagogisch daher auch mal ein bisschen Freiraum hat. Nicht immer nur das Wohl der Gesellschaft und der Eltern im Blick haben muss.

Man kann darüber streiten, ob es erzieherisch zwingend notwendig ist, den Kindern beispielsweise das

Abfüllen von Mayonnaise in leere Shampooflaschen beizubringen. Aber wer würde sie denn sonst solche Dinge lehren? Dafür hat man doch Freunde. Die Zwillinge sind in jedem Fall mit bemerkenswerter Geschicklichkeit, Intelligenz und Eigeninitiative bei der Sache. Besser, ich bilde sie aus als jemand, der nur Unsinn im Kopf hat.

Zudem muss ich zugeben, dass ich kürzlich beim Frühstück in ein Croissant gebissen habe, das die beiden mir am Abend zuvor mitgegeben hatten, und mir die scharfe Tabascosauce, die sie da wohl irgendwie reingespritzt haben, fast die Zunge weggeätzt hätte. Da war ich doch, bei allem Rotz und allen Tränen, die mir übers Gesicht liefen, schon auch ziemlich stolz auf die beiden Racker. Die Macht ist stark in ihnen. Bald schon werde ich ihnen vermutlich nichts mehr beibringen können.

Böser Staubsauger, böser Schluckauf!

Lena Greiner & Carola Padtberg

Wird ein Baby geboren, bedeutet das nicht nur eine rasante Entwicklung innerhalb weniger Wochen, Monate und Jahre, nein, auch die Eltern selbst verändern sich. Und wie! Neue Prioritäten, Tätigkeiten, Sorgen und Ängste bis hin zu Phobien werden da entwickelt. Einige Väter und Mütter transformieren sich in vierzig Wochen Schwangerschaft schnell und drastisch zu Helikopter-Eltern, ohne es selbst zu bemerken.

Dabei kann jeder verstehen, wenn Eltern vor Liebe und Fürsorge, aber auch aus Angst um ihre kleine Made fast durchdrehen, tagsüber und nachts. Schließlich scheint das Rotieren fürs Baby die wichtigste Aufgabe des Lebens zu sein. Helikopter-Eltern steigern sich jedoch in die Vorstellung hinein, ihrem Kind könne etwas zustoßen. Man kennt das Phänomen der selektiven Wahrnehmung: Wer regelmäßig Gefahren, Krankheiten und Optimierungsvorschläge googelt, entdeckt immer mehr Defizite. Man desinfiziert dann auch den halben Haushalt, schraubt Infrarotkameras ans Babybettchen und erörtert mit Freunden ausgiebig Vor- und Nachteile verschiedener Schnullermodelle.

„Seit Jahrzehnten versuche ich täglich, junge Eltern zu ihrer eigenen Intuition zu befähigen und ihnen die Angst zu nehmen, dem Kind könne etwas passieren", erzählt eine Hebamme. „Einige entwickeln so ein Sicherheitsdenken, dass es die Kinder in ihrer körperlichen und seelischen Entwicklung eher behindert."

Das ist natürlich traurig. Muss aber auch nicht immer so sein. Einige Spleens sind einfach nur etwas drüber. Dann darf man auch darüber lachen – etwa, wenn jeder Schluckauf oder jeder Staubsauger zum Problem wird:

Hilfe! Ein Hicks!

„Ein Klassiker unter uns Hebammen ist, dass besorgte Eltern anrufen, weil ihr Kind Schluckauf hat. Sie sorgen sich, dass es dem Kind wehtun oder es am Einschlafen hindern könne. Zugegeben, einschlafen tun sie mit Schluckauf meist nicht. Aber es kommt immer zu Spontanheilungen."

Breiwissenschaft

„Wir unterhielten uns im Rückbildungskurs über die Brei-Einführung. Mein Sohn, fünf Monate, bekam zu dem Zeitpunkt seit einigen Wochen mittags seinen Möhrenbrei. Den kochte ich einfach selbst. Das erschien einer anderen Mutter aber zu gefährlich: ‚Ich muss mich da noch ein wenig einlesen. Ich weiß sonst nicht, ob der Brei den richtigen Nitratgehalt hat.'"

Du hast die Wahl: Sauger oder Baby
„Mein Mann ist häufig auf Dienstreise, weshalb ich auch mal staubsaugen muss, obwohl mein Baby das nicht mag. Neulich riet mir eine andere Mutter, mein Kind zu einer Nachbarin zu geben, während ich staubsauge. Es könnte ja sonst beeinträchtigt werden."

Ganz schwierig scheint auch die Frage zu sein, ob der Nachwuchs bei der richtigen Temperatur gelagert wird. Demzufolge gibt es nur wenige Tage, an denen man sich in Mitteleuropa mit seinem Baby nach draußen trauen kann:

Wir fühlen uns unwohl
„Ich unternahm einen Spaziergang mit meiner dreijährigen Tochter und einer Bekannten, die ihr sechs Monate altes Baby dabeihatte. Es schlief unter einem Berg von Decken und war nicht zu sehen. Nach einer Dreiviertelstunde sagte die Mutter jedoch, dass sie nun gehen müsse: ‚Uns ist kalt, als Mutter spüre ich das.'"

Bruthitze

„Unser Babyschwimmkurs fand im Juli statt, und es war ein heißer Sommer. Eine Mutter konnte die meisten Termine deshalb nicht wahrnehmen, weil sie Angst hatte, ihr Kind könnte auf dem Weg zum Schwimmbad überhitzen. Sie kam also nur, wenn sie jemanden fand, der sie im klimatisierten Auto hinfahren und abholen konnte. Sie wohnte etwa dreihundert Meter entfernt."

Nun stellen Sie sich bitte vor: Helikopter-Eltern, die schon mit derartigen Lappalien echt angestrengt umgehen, lassen ihr Kind fremdbetreuen. Wie sollen die Eltern nur sicherstellen, dass die Babysitterin alles richtig macht? Ein Elternpaar übergab der Babysitterin für die Betreuung ihrer kleinen Sarah mehrere Seiten bedrucktes Papier, überschrieben mit „Informationen und Leitlinien: Was uns im Umgang mit Sarah wichtig ist". Die Leitlinien waren in fünfzehn Unterpunkte gegliedert, etwa zu Ernährung, Schlaf, Transport des Babys. Küchenbenutzung oder wie Sarah gewickelt oder unterhalten werden sollte. Diese Eltern schienen zu glauben, dass dem wertvollen Nachwuchs mit jeder fremden Hand Schaden zugefügt würde – wogegen natürlich nur umfassende Kontrolle helfen könne.

Hier sind einige Auszüge aus den „Leitlinien für Sarah":

„Feste Zeiten (fürs Essen) sind unwichtig. Sarahs Bedürfnis steht im Mittelpunkt. Den Brei immer schön langsam füttern und warten, bis sie den Mund aufmacht. Beim Trinken nicht mit Singen oder dem Mobile ablenken. Für das Bäuerchen bitte nur leicht auf den Rücken klopfen."

„Wenn sie tagsüber schläft, den Raum nicht abdunkeln. Viel tragen, streicheln und massieren, aber ohne Öl. Bitte immer sensibel mit ihrer Haut umgehen. Keine Cremes anwenden, ohne das mit uns abzusprechen. Beim Abputzen nicht fest reiben, sondern zärtlich abwischen."

„Bitte mit unserem Teppichboden vorsichtig sein. Sarah in der Küche füttern. Wenn trotzdem etwas danebengeht, folgendermaßen reinigen: Mit einem trockenen Tuch abtupfen, dann Sprudel auf die Stelle geben und von außen nach innen mit trockenen Handtüchern abtupfen."

Kaum auszudenken. was passiert, wenn die kleine Sarah mal in den Kindergarten muss. Ob es eine Einrichtung schafft, mit ihren Ansprüchen mitzuhalten?

Das Höllenpaar

Gernot Gircksch

Warnungen gab es reichlich. So ziemlich jeder, mit dem ich sprach, hatte gleich nach der obligatorischen Gratulation eine furchterregende Story parat.

Du wirst Vater? Super! Mensch, ich freu mich für dich! Aber glaub ja nicht, dass das ein Zuckerschlecken wird! Hast du dir eigentlich klargemacht, dass … Altgediente Profi-Väter tünchten meine rosaroten Zukunftsphantasien in trübes Grau, als sie mir von brüllintensiven Dreimonatskoliken berichteten, von schier unendlichen Abfolgen schlafloser Nächte, von Frauen, die plötzlich keinen Sex mehr wollen, explosionsartigen kindlichen Darmentleerungen, die selbst eine XL-Windel nicht im Zaum halten kann, von nervtötenden Schwiegereltern, aufkeimenden Ängsten, Finanzdebakeln und allerlei anderer Unbill, die mit der Reproduktion der eigenen Gene zwangsläufig einhergeht. Niemand aber, niemand warnte mich vor dem größten Grauen. Keiner bereitete mich auf die härteste Belastungsprobe vor, der meine Nerven je ausgesetzt waren. Kein Mensch erzählte mir, dass ich auf „die Zwei" treffen würde. Auf die beiden entsetzlichsten

Menschen der Welt. Auf das Höllenpaar!

Ich bin ein netter Kerl, und ich möchte nicht, dass noch mehr Leute durchmachen, was ich erlitt. Deshalb erzähle ich es Ihnen. Ich erzähle Ihnen alles. Und ich warne Sie: Nehmen Sie es ernst! Denn dieses Paar gibt es wirklich. Sein Aussehen variiert, sein Modus Operandi auch, doch der Terror bleibt. Es gibt „die Zwei" in allen Schattierungen, Formen und Varianten. Jedes schwangere Paar wird früher oder später auf sie treffen. Sie sind eine Naturgewalt.

Es begann beim Krankenhaus-Sightseeing. Agnes war im fünften Monat schwanger, und wir durchstreiften die Hospitäler der Stadt auf der Suche nach der bestmöglichen Wahl für unser erstes Geburtsabenteuer. Zu diesem Zweck bieten die meisten Krankenhäuser in regelmäßigen Abständen als Informationsabende getarnte Werbeveranstaltungen an. Hier rücken sich alle Bediensteten ins beste Licht und gehen dabei üblicherweise dermaßen marktschreierisch ans Werk, dass die geneigten Zuhörer nur darauf warten, dass plötzlich ein Hammondorgel-Alleinunterhalter *Hoch auf dem gelben Wagen* anzustimmen beginnt, alle Beteiligten eine Salami und ein halbes Pfund Kaffee in die Hand gedrückt bekommen und der Verkauf der Heizdecken erfolgt.

„Ende des Jahres verlosen die hier wahrscheinlich unter allen Sitzgebärenden eine dreitägige Städtereise nach Bad Salzuflen", flüsterte mir Agnes bei einer dieser Veranstaltungen kichernd zu.

„Pst!", kam es prompt mahnend von der Seite. Ich wandte den Blick in die entsprechende Richtung und sah einen Mann, der mich streng anfunkelte. Er trug einen Wollpullover, der entweder selbstgestrickt war, sehr billig oder einen neuen modischen Trend vorausnahm, von dem ich noch nichts gehört hatte. Der Mann sah aus wie ein fusseliges Sofakissen – ein Eindruck, den seine flokatiartig frisierte Haarpracht noch verstärkte.

„Sorry", flüsterte ich, woraufhin der Mann mir einen grandios gütig-verzeihenden Blick zuwarf, als wollte er mir dafür vergeben, dass ich nacheinander sein Auto zertrümmert, seine Frau verprügelt und seine Mutter mit dem Ebola-Virus infiziert hatte.

Der dozierende Arzt war mit seiner prahlerischen Rede, die das Krankenhaus wie eine verbesserte Version des Garten Edens erscheinen ließ, fertig und lächelte.

„Haben Sie vielleicht Fragen?", wandte er sich an die anwesenden dickbäuchigen Frauen und nervösen Männer.

„Ja, ich!", meldete sich prompt das menschliche Sofakissen zu Wort. Es schien, als hätte er nur darauf gewartet, die Regie übernehmen zu können.

„Was passiert eigentlich mit der Plazenta nach der Geburt? Wie handhaben Sie das?", fragte der Mann und sah den Arzt mit demselben funkelnd-messerscharfen Blick an, der vorhin auch mich durchbohrt hatte.

„Nun", sagte der Arzt. „Die Nachgeburt landet üblicherweise in einem Behälter für biologische Abfälle und wird später fachgerecht entsorgt."

„Ha!", rief der Mann.

„Wer's glaubt, wird selig!", fügte eine Frau hinzu, die nun aus dem Schatten des Fusselmannes trat. Sie erinnerte mich enorm an Morticia Addams, den weiblichen Kopf der morbiden Addams Family. Eine blasse Kreatur mit langem, glattem schwarzen Haar und einem nahezu fingerdicken Kajalstrich unter den Augen.

„Ich habe gelesen, dass viele Krankenhäuser die Plazentas ihrer Patientinnen an Pharma- und Kosmetikfirmen verkaufen!", empörte sich die Gruselfrau.

„Ich gestatte nicht, dass ein Krankenhaus mit den Körperprodukten meiner Lebensgefährtin Geld verdient!", ergänzte der Mann.

„Äh", sagte der Arzt und schlug dann vor: „Sie können gern eine Tupperdose mitbringen und die Plazenta dann mitnehmen. Vielleicht wollen Sie sie ja bei sich im Garten vergraben."

„Wir haben keinen Garten", zischte die Frau.

„Es ist pervers, wenn Privatpersonen Grünflächen besitzen", erklärte der Mann.

„Der Boden, die Erde, sollte allen gehören", sagte die Frau.

„Also?", fragte der Mann und sah den verwirrten Mediziner an.

„Also was?", sagte der Arzt.

„Also was machen wir jetzt mit Kiris Nachgeburt?", spezifizierte der Mann.

„Kiri ist unsere ungeborene Tochter", erklärte die Frau. „Das ist polynesisch und bedeutet Lichtstrahl."

Die Diskussion um Aufbewahrung, Behandlung, Würdigung und Entsorgung der Plazenta dauerte eine knappe Viertelstunde. Alle Versuche des Arztes, das Thema zu beenden, scheiterten an der völligen Abwesenheit irgendeiner Form von Selbstreflexion beim Höllenpaar. Die beiden merkten einfach nicht, dass sie nervten. Schlimmer noch: Als die Plazenta endlich begraben war – zumindest als Gesprächsthema –, warfen sie prompt die Frage auf, ob Patientinnen die Betten in der Wöchnerinnenstation eigenmächtig nach den Gesetzen des Feng-Shui verschieben dürften, und wenn nicht, warum nicht?

Ferner planten Herr und Frau Nervenkrieg, während Kiris Geburt eine CD mit den Gesängen der Buckelwale abzuspielen, um mit dem Schöpfungskreislauf in Einklang zu kommen. Dürften sie davon ausgehen, dass der Kreißsaal mit einer Dolby-Surround-Raumklang-Anlage ausgerüstet sei?

Nach fast einer Stunde, die einzig und allein von Fusselkissen, Morticia und dem irgendwie vergewaltigt anmutenden Arzt bestritten wurde, klingelte der Beeper des Mediziners und gab ihm die zweifelsohne heißersehnte Chance, sich verkrümeln und einem Notfall widmen zu können.

Frau Schubert in Raum 5 hat eine Steißgeburt.

Gott sei Dank. Der Doc erklärte den Info-Abend für beendet. „Und so was will studiert haben", zischte Morticia.

Agnes und ich standen, genauso schlau wie vorher, auf und sahen mit Entsetzen, wie die beiden Plazenta-Retter sich direkt auf uns zubewegten.

„Hallo!", sagte der Mann und streckte mir die Hand entgegen, bevor ich auch nur an Flucht denken konnte.

„Tut mir leid, dass ich dich vorhin zurechtweisen musste. Ich bin davon ausgegangen, dass es hier etwas Informatives zu hören gebe, das ich nicht verpassen sollte. Offenkundig ein Irrtum, haha."

Der Fusseltyp lachte. Ich setzte ein gequältes Grinsen auf.

„Ich bin übrigens der Rainer", sagte der Fusselmann. Ich habe bis heute nicht begriffen, warum manche Menschen ein *der* oder *die* vor ihre Namen setzen, wenn sie sich vorstellen. Natürlich war Rainer ein *der*. Das stand zweifelsfrei fest. Das hörte man an seiner nölenden Brummstimme und sah man am schlecht rasierten Fusselkinn. Der Rainer! Als ob es irgendeine Alternative gäbe! Hallo, ich bin das Rainer? Hallo, ich bin ein Rainer? Hallo, ich bin so eine Art Rainer? Hallo, ich bin rainer Wahnsinn.

„Ich bin Jürgen", stellte ich mich vor, „und das ist meine Frau Agnes."

„Ich bin Eloise", sagte Morticia.

Ich wettete, laut Ausweis hieß sie Elke. Oder Elsa.

„Hört mal, habt ihr vielleicht noch Lust…", hob der Rainer an, doch Agnes reagierte blitzschnell.

Sie schaute auf ihre Armbanduhr und stieß voll glaubwürdigem Entsetzen aus: „O mein Gott, schon halb zehn! Wir haben nur noch zwanzig Minuten!"

Wofür wir nur noch zwanzig Minuten hatten, überließ sie der Phantasie von Elsa und dem Rainer. Sie schnappte nach mir, und prompt setzten wir uns in Bewegung. Als wir loseilten, schickte uns der Rainer noch hinterher: „Also dann, viel Glück mit eurer Geburt, ja?"

„Viel Glück, Kiri!", wünschte Agnes.

„Du wirst es brauchen", brummte ich.

Wir kicherten, als wir flinken Schrittes in Richtung Parkplatz liefen.

Vier Wochen später begann der Säuglingspflegekurs. Da Kinder zwar mit Plazenta, aber ohne Gebrauchsanweisung geliefert werden, erschien es uns logisch, wenn nicht sogar unabdingbar, vier Samstage dafür zu opfern, um alles zu lernen, was man über die Hege, Pflege und fachgerechte Wartung eines Neumenschen wissen muss.

Der Kurs fand im evangelischen Gemeindehaus statt. Da saßen wir also in einem der Kursräume, an dessen Wand krückelige Makramee-Produkte aus der SeniorenGruppe neben selbstgemalten Kinderbildern hingen, die sich dadurch auszeichneten, dass auf allen davon ausnahmslos eine dicke gelbe Sonne schien.

Agnes und ich ergatterten zwei Plätze innerhalb des

Stuhlkreises. Rechts neben mir saß ein junger Mann, der mich kurz und unverbindlich anlächelte. Ich nickte ihm und seiner wuchtigen Frau zu. Die Plätze links von uns waren noch frei. Und, natürlich, Sie ahnen es: In diesem Moment ging die Tür auf, und der Rainer und Eloise betraten die Bühne! Sofort sahen sie uns, strahlten, als wären wir zwei alte Freunde, die nach Jahren im Gulag endlich in die Heimat zurückgekehrt waren, und begrüßten uns euphorisch. Der Rainer gab meiner Agnes sogar einen Kuss auf die Wange. Für einen kurzen Moment dachte ich, sie finge an zu schreien. Selbstverständlich setzten sich Fusselmann und Gruselfrau neben uns. Und selbstverständlich übernahmen sie binnen fünf Minuten das Kommando.

Sie gestanden der Kursleiterin – einer netten pensionierten Krankenschwester namens Hertha, die schon bald den Tag verfluchen sollte, an dem sie diese ehrenamtliche Stelle übernommen hatte – gnädig zu, sich vorzustellen und den groben Ablauf der vier Kurstage zu skizzieren. Doch bereits als Hertha die einführenden Worte zum ersten Thema sprach, warfen sich Herr und Frau Höllenpaar auf sie wie tollwütige Rhetorik-Raubtiere. „Das Waschen von Babys ist die leichteste Sache der Welt", sagte Hertha. „Man verwendet einfach nur einen weichen, nassen Waschlappen. An

Babys Haut sollte nichts anderes kommen als Wasser."
„Aber", rief Eloise, „bei uns im Bioladen wird auch
Säuglingsseife angeboten! Die soll sehr gut sein."
„Die ist nämlich pH-neutral", ergänzte der Rainer.
„Ach", lächelte Hertha milde, „das ist bloß Geld-
schneiderei und für die Haut des Kindes gar nicht..."
„Mein Cousin ist Chemiker!", klärte der Rainer die
Runde schnell auf und fügte dann noch an: „Am Max-
Planck-Institut!", um klarzustellen, dass in seiner
Familie natürlich keine Wald-und-Wiesen-Chemiker
herumliefen, sondern nur wahre Meister der Elemen-
taranalyse. „Und der sagt, antiseptische Zusatzstoffe
seien sehr sinnvoll. Insbesondere..."
„Ja", nölte Eloise dazwischen. „Wie sollte so eine Seife
auch schaden? Die ist ja pH-neutral!"
„...angesichts der Tatsache, dass durch zunehmende
Umweltgifte..."
„PH-neutral kann doch nur gut sein!"
„Vertrauen Sie mir!", meldete sich Hertha auch mal
wieder zu Wort. „Die Haut eines Säuglings braucht
ausschließlich Wasser!"
„Eine Frau aus meiner Tai-Chi-Klasse hat ihr Baby
monatelang nur mit Wasser gewaschen", ließ sich
Eloise nicht beirren, „und jetzt hat das arme Würm-
chen Neurodermitis!"

„Ist Wasser überhaupt pH-neutral?", wollte der Rainer nun wissen.

Knut, ein Lastwagenfahrer und Bierbauchbesitzer, der uns schräg gegenübersaß, wollte an dem Gespräch auch teilnehmen und warf folgende Information dazwischen: „Meine Mutter hat mir den After noch mit Sagrotan geschrubbt."

„Mir ist übel", flüsterte Agnes.

„Ich kann nur wiederholen", seufzte Hertha. „Ein Baby braucht…"

„Pah!", zischte der Rainer seiner Gruftigattin zu. „Die ist doch viel zu alt. Was weiß die denn schon über moderne Hygiene?"

Ich blickte auf die Uhr. Der Säuglingspflegekurs hatte vor exakt 25 Minuten begonnen. Er umfasste vier Tage à sechs Stunden. Das waren 1440 Minuten Kurs-Gesamtzeit Und wir hatten erst 25 davon geschafft! Jetzt war auch mir übel.

Es kam wie befürchtet: Eloise und der Rainer brachen eine verbale Lanze für die Stoffwindel und weigerten sich, den Plastikpuppen die Übungs-Pampers umzuwickeln. Sie vertraten – 35 Minuten lang – die Theorie, dass ostasiatische Gewürze, insbesondere Kardamom und Kreuzkümmel, das Immunsystem des Babys unfassbar stärken, weswegen jede stillende Frau täglich mindestens sechs Esslöffel davon über ihre Speisen verteilen sollte. Babys hätten laut ihrer Theorie immer mit dem Kopf nach Südosten zu schlafen, Mobiles über der Wiege förderten das Schielen, und Rudolf Steiner zufolge, den der Rainer sehr bewunderte, dürften Stoffpuppen keine Nasen haben. Weil Kinder, die mit nasenhaltigen Stoffpuppen spielen, später nämlich allesamt Triebtäter oder Depressive werden. Oder so ähnlich.

Niemand von uns hörte mehr wirklich zu. Selbst die arme Hertha wartete nur noch auf akustische Lücken, in die sie die eine oder andere sinnvolle Bemerkung zu pressen versuchte.

Als die Mittagspause kam, waren wir alle derart erschöpft, als wären wir auf unseren Brustwarzen den K2 hinaufgekrochen. Agnes und ich wollten die 45-Minuten-Pause für einen kleinen Spaziergang nutzen. Der Rainer und die Eloise begleiteten uns. Sie waren plötzlich einfach da, schlenderten neben uns her und quälten unsere Ohren und Hirne. Wenn wir schneller gingen, so gingen sie ebenfalls schneller. Blieben wir stehen, taten sie dasselbe. Und dabei redeten sie! Sie redeten, dozierten, laberten und salbaderten, klugschissen und wortsülzten, als hinge ihr Leben davon ab.

Sie kamen nicht mal ansatzweise auf die Idee, dass wir gar nicht wissen wollten, ob Eloise seit drei Wochen dieser seltsam zähe Ausfluss plagte. Und dass der Rainer, jetzt da Eloise diese Rückenprobleme hatte, die Löffelchenposition sehr genieße. Wenn er parallel zur Penetration ihre Klitoris stimulierte, hätte die Eloise manchmal sogar einen Orgasmus.

Agnes legte das Käsebrot, das sie eigentlich während des Spaziergangs hatte essen wollen, zurück in die mitgebrachte Dose.

Wir hielten den Tag tapfer durch.

Am Sonntag riefen wir Hertha an und behaupteten, dass wir überraschend nach Kaiserslautern umziehen müssten und den Kurs deshalb nicht länger besuchen könnten. Für einen kurzen Moment klang Hertha, als wolle sie fragen: „Darf ich mitkommen?"

Wir kauften uns für 150 Euro Bücher über Säuglingspflege, kindgerechte Ernährung und Erste Hilfe.

Das musste reichen.

Drei Monate später war der Schrecken fast vergessen. Agnes war hyperschwanger, und als dann tatsächlich die Wehen einsetzten, hetzten wir zum Krankenhaus unserer Wahl. Drei Stunden lang ächzte und stöhnte meine Süße schon, doch der Muttermund hatte sich immer noch nicht weit genug geöffnet. Es würde noch viele weitere Stunden dauern, bis das Kind endlich kam. Gutherzig, wie sie nun mal ist, gab mir meine Agnes die Erlaubnis, für fünf Minuten aus dem Kreiß-saal zu gehen, um draußen eine zu rauchen.

Ich hatte gerade drei Züge genommen, da fuhr ein Krankenwagen vor. Als die hintere Tür geöffnet wurde, hörte ich bereits die Stimme vom Rainer, der dem Sanitäter wichtige Fakten über das fachgerechte Sanitäten herunterbetete. Auf einer Bahre lag Eloise. Sie schrie wie am Spieß und umklammerte eine Tup-perdose. Für die Nachgeburt, nahm ich an.

„He, das ist ja ein irrer Zufall", jubelte der Rainer, als er mich sah. „Ich dachte, ihr wohnt jetzt in Kaiserslau-tern!" Er klopfte mir auf die Schulter und strahlte.

Wir bekamen eine Tochter. Die Kleine war gesund und wunderschön. Wir nannten sie Hannah. Meine Agnes hat alles gut überstanden. Wir waren überglücklich. Na ja, fast.

Es dauerte nämlich zwei Tage, bis ich genug Leute im Krankenhaus mit unauffällig zugesteckten 20- und 50-Euro-Scheinen dazu bringen konnte, Agnes in ein anderes Zimmer zu verlegen. In ein Zimmer, in dem keine Eloise lag. Ein Zimmer, in dem nicht viermal am

Tag der Rainer zu Besuch kam.

In diesem Höllenpaar-freien Raum spannte meine Süße noch für drei Tage aus. Außer, wenn Eloise vorbeikam, um ein bisschen „zu plaudern".

Alle halbe Stunde.

„Die haben hier im Elternzentrum eine neue Krabbelgruppe", las ich Agnes einige Wochen später aus der Lokalzeitung vor. „Das wäre doch was für euch!" Ich strich meiner süßen kleinen Hannah über den Kopf.

„Ich glaube nicht", murmelte Agnes.

„Warum denn nicht?", fragte ich.

„Wir brauchen keine Krabbelgruppe", fand Agnes. „Wir können ja andere Mütter mit ihren Babys zu uns einladen."

„Aber so eine Krabbelgruppe ist doch... äh... irgendwie Usus", wandte ich ein.

„Nicht für mich", murmelte Agnes.

„Aber..."

„Ich gehe in keine Krabbelguppe!", schrie Agnes plötzlich los. Erschrocken wich ich zurück.

„Ich kann in keine Krabbelgruppe gehen", wimmerte Agnes. „Eloise könnte da sein. Oder der Rainer."

„Aber Schatz...", wollte ich sie besänftigen.

„Wir können auch kein Babyschwimmen machen. Und kein Kinderturnen. Und später brauchen wir einen Privatlehrer. Wir können unser Kind nämlich nicht in die Schule gehen lassen. Ein Elternabend mit dem Rainer und der Eloise? Stell dir das doch nur mal vor!"

Agnes' Unterlippe zitterte. Sie war leichenblass. So hatte ich sie noch nie gesehen.

„Wir bleiben im Haus", wimmerte Agnes. „Spazierengehen ist zu gefährlich."

Ich weiß, Sie halten das für übertrieben. Sie denken, ich spinne. Aber warten Sie's nur ab. Sie werden Ihr ganz persönliches Höllenpaar auch noch kennenlernen. Stellen Sie es klüger an als wir: Rennen Sie so früh wie möglich weg. Bevor die beiden Sie überhaupt ins Visier nehmen können. Fliehen Sie! Fliehen Sie schnell! Agnes, Hannah und ich leben jetzt übrigens in Kaiserslautern.

Das Wunderkind

Ephraim Kishon

Ich liebe es, auf Parkbänken zu sitzen, aber nur im
Winter. Denn da sich während der kalten Monate nur
ein Irrsinniger ins Freie setzen würde, kann ich in
Ruhe meine Kreuzworträtsel und Quizfragen lösen
und vielleicht ein wertvolles Buch gewinnen, ohne dass
mich jemand stört. So saß ich auch gestern wieder im
Dezembersonnenschein auf meiner Bank und stellte
mit Genugtuung fest, dass mir kein Gespräch drohte.
Gerade als ich dabei war, 7 links senkrecht einzutra-
gen, näherte sich von rechts waagerecht eine kümmer-
liche, farblose Erscheinung männlichen Geschlechts,
blieb stehen, wandte sich zu mir und fragte:
„Ist hier noch frei?"
Mein „Ja" war kurz und alles eher als einladend, aber
das hinderte den Störenfried nicht, sich auf das Ende
der Bank niederzulassen. Ich vertiefte mich demon-
strativ in meine senkrechten und waagerechten Prob-
leme, wobei ich mittels gerunzelter Brauen anzudeuten
versuchte, dass ich in meiner verantwortungsvollen
Arbeit nicht gestört zu werden wünschte und dass niemand mich fragen sollte, ob ich diesen Park öfter besu-

che, ob ich verheiratet bin, was ich monatlich verdiene und was ich von unserer Regierung halte. Der Mann neben mir schien meine isolationistischen Tendenzen zu wittern. Er übersprang die einleitenden Floskeln und ging sofort aufs Ganze. Mit einer einzigen, offenkundig routinierten Handbewegung schob er mir ein halbes Dutzend Fotos in Postkartengröße, einen Knaben darstellend, unter die Nase: „Eytan wird übermorgen sechs Jahre", gab mir der Begleittext bekannt.

Pflichtschuldig überflog ich die sechs Bilder, lächelte milde über das eine, auf dem Eytan die Zunge herausstreckte, und retounierte die mobile Ausstellung an den Besitzer. Dann vertiefte ich mich wieder in mein Kreuzworträtsel. Aber ich spürte in jeder Faser meines Nervensystems, dass ich dem Schicksal nicht entrinnen könnte. Und da kam es auch schon:

„Ganz wie Sie wollen", sagte der Mann und rief dem in einiger Entfernung herumtollenden Knaben durch den Handtrichter zu: „Eytan, komm schnell her. Der Herr möchte mit dir sprechen."

Eytan kam widerwillig herangeschlurft und blieb vor der Bank stehen, die Hände mürrisch in den Hosentaschen. Sein Vater sah ihn mit mildem Tadel an:

„Nun? Was sagt man, wenn man einen fremden Herrn kennenlernt?"

Eytan, ohne mich auch nur eines Blickes zu würdigen, antwortete: „Ich habe Hunger."

„Das Kind lügt nicht", wandte sich der Vater erklärend an mich. „Wenn Eytan sagt, dass er Hunger hat, dann hat er Hunger, da können Sie Gift drauf nehmen."

Ich wies diese Zumutung energisch zurück und fragte den stolzen Erzeuger, warum er mir die Fotos gezeigt hätte, obwohl das Modell in Fleisch und Blut zugegen war.

„Die Fotos sind ähnlicher", lautete die väterliche Antwort. „Eytan ist in letzter Zeit ein wenig abgemagert."

Ich brummte etwas Unverständliches und schickte mich an, die Bank und sicherheitshalber auch den Park zu verlassen. Mein Nachbar erstickte diese Absicht im Keim. „Das Kind hat ein phantastisches Talent für Mathematik", raunte er mir hinter vorgehaltener Hand aus dem Mundwinkel zu, so dass Eytan nichts davon hören und sich nichts darauf einbilden konnte. „Er geht erst seit ein paar Monaten in die Schule, aber der Lehrer hält ihn schon jetzt für ein Wunderkind ... Eytan, sag dem Herrn eine Zahl."

„1032", sagte Eytan.

„Eine andre. Eine höhere."

„6527."

„Also bitte. Haben Sie so etwas schon erlebt? Im

Handumdrehen! Und dabei ist er erst sieben Jahre alt! Unglaublich, wo er diese hohen Zahlen hernimmt. Und das ist noch gar nichts. Eytan, sag dem Herrn, er soll an eine Zahl denken!"

„Nein", sagte Eytan.

„Eytaaan! Du wirst den Herrn sofort bitten, an eine Zahl zu denken!"

„Denken Sie an eine Zahl", grunzte Eytan gelangweilt. Jetzt machte mein Nachbar wieder von der vorgehaltenen Hand und vom Mundwinkel Gebrauch: „Drei! Bitte denken Sie an die drei!" Dann hob er den Finger und wandte sich dem Gegenstand seines Stolzes zu: „Und jetzt werden wir den Herrn bitten, die Zahl, die er sich gedacht hat, mit zehn zu multiplizieren, nicht wahr, Eytan?"

„Meinetwegen."

„Was heißt ‚meinetwegen'? Sprich anständig und in ganzen Sätzen."

„Multiplizieren Sie die Zahl, die Sie sich gedacht haben, mit zehn", leierte Eytan den vorgeschriebenen Text herunter.

„Weiter", ermahnte ihn sein Vater.

„Dann dividieren Sie die neue Zahl durch fünf, halbieren Sie die Zahl, die Sie dann bekommen – und das Resultat ist die Zahl, an die Sie zuerst gedacht haben."

„Stimmt's?", fragte mein Nachbar zitternd vor Aufregung; und als ich bejahend nickte, kannte seine Freude keine Grenzen. „Aber wir sind noch nicht fertig! Eytan, sag jetzt dem Herrn, an welche Zahl er gedacht hat."

„Weiß ich nicht."

„Eytan!"

„Sieben?", fragte das Wunderkind.

„Nein!"

„Eins?"

„Auch nicht!", brüllte der enttäuschte Papa. „Konzentrier dich!"

„Ich konzentrier mich ja." Der Kleine begann zu weinen. „Aber woher soll ich wissen, an welche Zahl ein fremder Mann denkt?"

Mit der Selbstbeherrschung des Vaters war es vorbei: „Drei!" Seine Stimme überschlug sich. „Drei, drei, drei! Wie oft soll ich dir noch sagen, dass die Leute immer an drei denken?!"

„Und wennschon", quakte das gepeinigte Kind. „Was gehen mich Zahlen an? Immer nur Zahlen, immer nur Zahlen! Wer braucht das?"

Aber da hatte mein Nachbar ihn schon am Kragen und beutelte ihn in erhabenem Vaterzorn.

„Was sagen Sie dazu?", keuchte er unter Verzicht auf

Mundwinkel und vorgehaltene Hand. „Haben Sie schon jemals ein achtjähriges Kind gesehen, das sich nicht einmal eine einzige Ziffer merken kann? Gott hat mich hart geschlagen ..."

Damit machte er sich davon, den heulenden Eytan hinter sich herziehend. Ich sah ihm nach, bis seine gramgebeugte Gestalt im winterlichen Mittagssonnenschein verschwand.

Welch ein Fluch für einen Vater, wenn er erkennen muss, dass er dem eigenen Sohn rein gar nichts von seinem Genius vererbt hat.

Das Elternhaus

Kurt Tucholsky

„Ich habe Ihnen das Giraffenhaus gezeigt", sagte unser
Führer, „und das Raubtierhaus und das Vogelhaus –
wir kommen nun zu dem Elternhaus!"
Lärm empfing uns. Wir traten an das erste Gitter.
„Sie sehen hier", sagte der Führer, „die gemeinen Haus-
eltern (parentes communes domestici). Sie sind weit
verbreitet, harmlos und vererben alle ihre Eigenschaf-
ten."
Hinter dem Gitter saßen an einem Tisch Vater und
Mutter, er trug eine hohe, steife Hausmütze mit einer
Quaste, er rauchte eine lange Tabakspfeife und las im
Zeitungsblättchen. Die Mutter stopfte Strümpfe, dass
die Nadeln klapperten. Kinder von vielerlei Altern
krabbelten im Zimmer herum: Das älteste hatte eine
Brille auf der Nase und lernte aus einem Buch, zwei
Mädchen nähten Puppenkleider, ein Junge baute unter
dem Tisch eine Steinbaukastenburg, und das Jüngste
steckte einen standhaften Zinnsoldaten in den weit
geöffneten Mund. Von Zeit zu Zeit erhob der Vater
den Kopf und sagte, ohne hinzusehen: „Eduard! Tu
das nicht!", und las weiter. Und die Mutter sagte dann:

„Aber Papa, lass doch die Kinder!" Worauf alles seinen ungestörten Fortgang nahm. Wir schritten zum nächsten Gitter.

„Dies", erklärte der Führer, „sind die Eltern mit der Affenliebe (parentes simiarum modo amantes)." Zunächst sahen wir nur die Eltern – sie standen um irgendetwas herum, was zunächst verborgen blieb, und schützten es mit ihren Armen und drückten daran umher. Dann traten sie auseinander: Und es zeigte sich ein dickes, kugelrundes Kind von vielleicht acht Jahren, das, kaum war es frei, an den Tisch ging und dort alles Geschirr mit einer jähen Handbewegung herunterfegte. Krach! Aber schon stürmten die besorgten Eltern herbei und schlossen das Kind unter Jubelrufen erneut in ihre gerührten Arme. „Nein, wie selbstständig es schon ist!", sagte der Vater. „Hast du gesehen, wie flink es zupackt?", sagte die Mutter. Das Kind prustete, ob vor Lachen oder weil es husten musste, wussten wir nicht. „Ach!", machten die Eltern und packten es in ein Bett. Aber da stand es auf und lief durch die Tür in einen hinteren Raum. Die Eltern lockten. „Kunochen! Na, Kunochen! Kuno! Komm doch! Du kriegst Schokolade!" Kuno blies ihnen etwas, und wir gingen weiter.

„Hier", sagte der Führer lächelnd, „muss ich die Herrschaften bitten, den Mann nicht zu necken. Es ist der kleine Haustyrann (pater tyrannicus)."

Nein, wir neckten nicht. Schade – einem Gockel gleich stelzte dort ein Herr der Schöpfung herum und warf von Zeit zu Zeit wütende Blicke auf ein kleines Mädchen, das verschüchtert am Tisch saß. „Papa ist heute wieder so schlechter Laune", flüsterte die Kleine. „Wer spricht, wenn ich im Zimmer bin!", grollte der väterliche Fürst. Sie verstummte. Und er stapfte weiter umher und war sieghaft anzuschauen, wenngleichen er Filzpantoffeln trug.

„Zum Schluss gelangen wir", sagte der Führer vor dem nächsten Gitter, „zu der Syndetikonfamilie. Sie kommt nur in Rudeln vor und kann auch bei Todesgefahr nicht auseinandergerissen werden. Man erzählt sich wunderbare Geschichten von ihrer Anhänglichkeit. Ihre Angehörigen schätzen einander wenig, hocken aber dessen ungeachtet stets zusammen. Sehen Sie!"

Wir sahen. Hinter dem Gitter saßen ungefähr acht Personen und gähnten. „Die kleine Ellen erwartet mich um zehn", sagte der Älteste und zog ungeduldig, aber heimlich seine Taschenuhr. „Wie gern ginge ich heute ins Theater!", flüsterte die erwachsene Tochter. „Huach!", machte die Fünfzehnjährige, „ist das bei euch langweilig!" Dabei gehörte sie doch mit dazu!

„Auf der Straße ist heute große Schlacht zwischen den Blauen und den Schwarzen!", sagte der Gymnasiast. Und als alle etwas gesagt hatten, sah sich der Vater im Kreise um und sprach: „Ich weiß mir nichts Schöneres, als wenn ich so alle meine lieben Kinder um mich versammelt habe. Nicht wahr, Kinderchen?" – „Hujaja!", gähnten alle.

Und dann gingen wir. „Sagen Sie", fragte ich, während wir hinausschritten, den Führer, „Sie haben uns da nun so viel gezeigt – aber ... wie soll ich mich ausdrücken ..." – „Sie meinen, ob es nicht auch vernünftige Eltern gibt?" – „So etwas Ähnliches wollte ich allerdings sagen." – „Kommen Sie!", sagte er ruhig. Und zog mich an der Hand aus dem Elternhaus fort, in den Park. Der Abend dämmerte, die Bäume rauschten im Winde. „Kommen Sie!", sagte er. Und wir gingen, bis wir an ein kleines weißes Häuschen kamen. Wir schlichen uns heran und wurden nicht gesehen und nicht gehört.

Vor dem Haus saß ein blondes, junges Weib mit ungemein lustigen Augen. Vor ihr im Sande raffte ein kleiner Junge seine Spielsachen zusammen; er hatte einen frech gedrehten Haarbusch auf dem Kopf und einen kleinen dicken Bauch. Er schnaufte erschrecklich, weil er so viel zu tun hatte. Die junge Frau ging ins Haus.

„Peter!", rief sie. „Peter!", und Peter wackelte auf-
jauchzend hinterdrein.
Ich sah den Führer an. Er nickte. „Das sind meine",
sagte er leise. „Die werden nicht eingesperrt!"

Sind Sie bereit, Eltern zu werden?
Ein Test in 7 Schritten

Verfasser:in unbekannt

DER DRECK-TEST

Beschmieren Sie Sofa und Vorhänge mit Schokolade. Verteilen Sie zerkrümmelte Salzstangen gleichmäßig zwischen den Sofakissen. Legen Sie ein paar Stückchen Streuselkuchen unter das Sofa.

DER SPIELZEUG-TEST

Besorgen Sie sich eine 150-Liter-Kiste mit Lego-Steinen (ersatzweise tun es auch Heftklammern, Sicherheitsnadeln oder Schrauben). Lassen Sie einen Freund oder eine Freundin die Legos in der ganzen Wohnung verteilen. Verbinden Sie sich nun die Augen und versuchen Sie, in die Küche oder das Bad zu gelangen, ohne dabei einen einzigen Laut von sich zu geben – Sie könnten schließlich das Kind wecken.

DER LEBENSMITTELGESCHÄFT-TEST

Leihen Sie sich ein oder zwei kleine Tiere (Ziegen oder junge, verspielte Hunde sind in diesem Fall besonders zu empfehlen) und nehmen Sie sie zum nächsten Einkauf mit. Behalten Sie die Tiere die ganze Zeit im Auge und bezahlen Sie alles, was sie essen oder kaputtmachen.

DER ANZIEH-TEST
Besorgen Sie sich einen großen, lebendigen Tintenfisch. Versuchen Sie diesen in ein kleines Einkaufsnetz zu stecken und passen Sie auf, dass Sie auch wirklich alle Arme im Netz verstauen.

DER FÜTTER-TEST
Besorgen Sie sich eine große Plastiktasse. Füllen Sie sie bis zur Hälfte mit Wasser. Befestigen Sie die Tasse mit einem Pendel an der Decke und lassen Sie sie hin- und herschwingen. Versuchen Sie nun, löffelweise matschige Cornflakes in die Tasse zu befördern, während Sie vorgeben, ein Flugzeug zu sein. Anschließend verteilen Sie den Inhalt der Tasse auf dem Fußboden.

DER FINANZ-TEST
Gehen Sie zur Bank und richten Sie einen Dauerauftrag ein. Lassen Sie Ihr Gehalt für die nächsten zwanzig Jahre zu gleichen Teilen auf die Konten von Drogerie-Markt, Spielzeuggeschäft, Lebensmittelgeschäft und mindestens zehn Vereinen überweisen.

DER ABSCHLUSS-TEST

Gehen Sie zu Freunden, die schon ein kleines Kind haben. Geben Sie ihnen gute Ratschläge zu Themen wie: Disziplin, Geduld, Toleranz, Töpfchen-Training und Tischmanieren. Machen Sie möglichst viele kluge Verbesserungsvorschläge. Betonen Sie, wie wichtig eine konsequente Erziehung ist. Genießen Sie das Experiment, es ist das letzte Mal, dass Sie all diese guten Antworten parat haben. Vermutlich ist es auch das letzte Mal, dass Sie diese Freunde sehen.

Kleine Einführung in den Kapitalismus

Jess Jochimsen

Mein Sohn Tom ist nicht nur frech, sondern tut von Zeit zu Zeit auch dumme Dinge (also in meinen Augen dumm, nicht in seinen). Das dümmste dieser Dinge ist das Füttern von Parkuhren.

Ich halte das im Kopf nicht aus, aber Tom macht es Spaß: Er schmeißt sein sauer verdientes Taschengeld in Parkuhren. Natürlich nur, wenn die Uhren leer sind und da auch ein Auto steht (ganz dumm ist er ja auch nicht …). Und ich bin schuld daran, weil ich ihm das mal erklärt habe: Wenn man auf einem Parkplatz mit Parkuhr parkt und die Uhr ist leer, habe ich ihm erklärt, dann muss man da Geld einwerfen, sonst gibt's einen Strafzettel.

Vielleicht hätte ich betonen sollen, dass es Sinn macht, wenn es sich um das eigene Auto handelt. Jetzt wirft Tom nämlich Geld in alle leeren Parkuhren, an denen er vorbeikommt. Sofern da ein Auto steht. Die Ausnahme bilden gelbe Autos, die kriegen kein Geld, weil Tom gelb nicht mag. Ansonsten gilt die Regel: Je größer das Auto, desto mehr Geld wirft Tom in die Uhren.

„Damit's keine Strafe gibt", sagt er stolz und treibt mich damit in den Wahnsinn.

„Tom, das ist einfach nur dumm!"

„Ist es nicht. Alles muss seine Ordnung haben. Außerdem isses mein Geld!"

Was habe ich nur falsch gemacht? Mein Sohn ist ein Ordnungsfanatiker und finanziert Bonzen das Parken! Mit seinem Taschengeld!! Das er von mir erhalten hat!!! Natürlich habe ich versucht, ihn davon abzubringen – ohne Erfolg. Tom will dumm sein. Auf seinem Schulweg passiert er täglich eine kleine Einkaufsstraße mit fünf gebührenpflichtigen Parkplätzen. Das ist sein Revier. Das hält er sauber. Zur großen Freude der Politesse, die dort Dienst tut.

„Hier brauchst du gar nicht mehr hinkommen", sagte er ihr neulich stolz, „da schmeiß ich immer Geld ein."

„Das ist aber nicht der Sinn der Sache", sagte sie.

„Doch. Sonst müssen die Strafe zahlen."

„Ja, das sollen die auch!" Die Politesse wurde richtig ärgerlich – und Tom frech:

„Aber es ist ja wohl nicht verboten."

„Das nicht …", schnaubte die Ordnungshüterin, „aber ich bin dann arbeitslos!"

„Such dir doch eine andere Straße!"

„Wenn ich dich noch einmal erwische, setzt's was!"

„Du bist ja noch nicht mal ein richtiger Polizist!"
Dann rannte Tom weg und es brauchte meine ganze
Charmanz, die Sache wieder geradezubiegen…
Zuhause ließ ich meinem Ärger dann freien Lauf,
stellte Tom ob seiner Frechheit ein ganzes Strafregister
inklusive Taschengeldsperre in Aussicht und erklärte
ihm darüber hinaus die grundlegende Regel des Kapitalismus, nach der man seine eigene Kohle gefälligst
gewinnbringend anzulegen hat, nicht dumm zum Nutzen anderer! Tom zeigte sich einsichtig und erzählte
mir ein paar Tage später, dass er das jetzt machen
würde mit der Kohle, auch würde er nicht mehr die
Politesse abpassen, sondern die Leute, für die er Geld
in die Parkuhren eingeworfen hätte. Sehr nett seien die
und verdienen würde er auch dabei, weil die ihm
immer was zusteckten.
Irgendwas mache ich grundlegend falsch.

Fledermäuse
waschen sich nicht

Jan-Christoph Wiechmann

Neulich kam Joshua mit einem selbstgemalten Bild ins Badezimmer. Man sah einige Striche darauf, die nichts zu bedeuten schienen. Meistens ist das dann ein Hai oder ein Bär oder der Mann von der Müllabfuhr. „Schön", sagte ich zu ihm. „Hast du wieder einen Hai gemalt?"

„Nein", sagte er. „Hier steht: Ich kann mich heute nicht waschen."

„Ach so, das steht da auf deinem Bild, ja?"

„Genau. Das stimmt. Richtig."

„Und warum kannst du dich heute nicht waschen?"

„Weil das da steht."

„Ich kann das gar nicht lesen."

„Ich aber."

Er liest langsam und deutlich vor: „Joshua kann sich heute nicht so sehr waschen, weil das da steht auf dem Papier hier und so."

„Joshua, komm jetzt bitte. Wir müssen in den Kindergarten. Sonst gehen die Kinder ohne dich in den Park."

„Ich kann mich aber nicht waschen. Das steht da."

Ich weiß nicht, woher mein Sohn diese Paragrafen-hörigkeit hat. Er könnte auch mal auf mich hören, aber er hört lieber auf Bilder und Bücher und Schilder.

Er fragt beim Einparken auch nach der Bedeutung des Halteverbotsschildes und weist mich dann darauf hin, nicht im Halteverbot zu parken. In seiner Spielzeug-kiste befindet sich eine ganze Sammlung von Verbots-schildern. Er bekommt sie immer mal wieder geschenkt. Ich glaube, das sind typisch deutsche Spielsachen. Ein-mal kam er morgens zum Waschen ins Badezimmer und sagte: „Monika hat nämlich gesagt, zu viel Seife ist nicht gut."

Monika ist seine Kindergärtnerin, eine wunderbare Frau, auf die er sich gerne beruft, wenn er etwas nicht will.

„Das hat Monika bestimmt nicht gesagt."

„Doch, hat sie."

„Gut, dann hat sie das gesagt, und sie meint sicherlich, dass zu viel Waschen nicht gut ist. Aber wir waschen uns ja auch nicht dreißigmal am Tag. Wenn es nach dir ginge, würden wir uns nur einmal im Jahr waschen."

„Ja."

„Gut, dann ist dieser Tag heute. Dann waschen wir uns heute."

„Nein, Monika hat nämlich gesagt …"

Wenn es nicht selbstgeschriebene Säuberungsverbote oder Monikas sind, die das morgendliche Waschen verhindern, dann ist es meist irgendein Tier. Einmal sagte Joshua, er sei eine Fledermaus und Fledermäuse mögen Wasser nicht.

„Du bist keine Fledermaus", habe ich erwidert.

„Doch", schrie er.

„Aber auch Fledermäuse müssen sich mal waschen."

„Nein, Fledermäuse waschen sich nie. Hast du selber gesagt."

Immer dieses Neunmalkluge. Immer diese Nachplapperei. Er merkt sich völlig unwichtige Dinge. Dinge, die ich manchmal nur dahersage und an die ich mich später nicht erinnern kann.

Wahrscheinlich habe ich tatsächlich mal im Spaß gesagt: Fledermäuse waschen sich nicht. Kann sein, dass ich das einmal gesagt habe. Erinnere mich jetzt nicht daran. Möchte mich nicht daran erinnern. Bin kurz vorm Überschäumen.

„Fledermäuse werden ganz, ganz, ganz, ganz traurig, wenn sie sich waschen", sagte Joshua.

Das war der Moment, als ich ihn ins Bad zog, ihm den nassen Waschlappen quer ins Gesicht legte und sehr laut wurde: „Ich bin der Papa, und ich wasche dich jetzt, Joshua, basta. Du m u s s t mal auf mich hören."

Er fing fürchterlich an zu weinen und warf sich auf den Boden. Da war er nun, der autoritäre Papa, der sich mit Erklärungen nicht mehr durchsetzen konnte, der sich auf seine rechtliche Position und seine körperliche Überlegenheit berief. Ich erinnerte mich an meinen Stiefvater, der einst zu mir sagte: „Du kommst jetzt nach Hause von dieser Feier." – „Warum?" – „Weil ich das so will." Ich erinnerte mich an meinen Großvater, der einst zu uns Kindern sagte: „Der Spargel ist ausschließlich für mich." – „Warum?" – „Weil das so ist." [...] Mein Sohn weinte, stand nackt im Bad, eine arme kleine Fledermaus, die von einer autoritären Macht gezwungen wurde, sich zu waschen.

Ich wurde weich und sagte: „Gut, dann waschen wir uns heute ausnahmsweise Mal nicht."

Wochen später sagte die Kindergärtnerin Monika auf einer Elternbeiratssitzung, dass einige Kinder anscheinend ungewaschen in den Kindergarten kämen. Auch Kinder würden schon schwitzen und unangenehm riechen. Wir Eltern mögen doch auf ausreichende Hygiene achten.

Ich glaubte zu spüren, wie mich in diesem Moment alle zehn Mütter angestarrt haben.

„Unglaublich", sagte ich echauffiert. „Unglaublich."

Was jeder Vater wissen sollte

Thomas Byrnes

„Die zweite Niederkunft ist immer leichter als die erste" – so lautet einer der beliebtesten Trugschlüsse über das Kinderkriegen. Ihm zufolge wird die Sache immer schmerzloser, je mehr Wochenbetten man hinter sich bringt, bis schließlich beim neunten oder zehnten die Empfindungen der Mutter in reines Entzücken ausmünden.

Während diese Auffassung des „Je mehr, desto besser" im Falle der Mutter keineswegs stimmt, ist sie in Bezug auf den Vater noch unzutreffender.

Sobald ein Mann einmal Vater geworden ist, hat er sich sozusagen eine Art von allgemeinem Anrecht auf sämtliche Schauergeschichten über den möglichen Verlauf von Geburten erworben, von denen alte Praktiker zu berichten wissen. Diese alten Praktiker oder Sachverständigen können sich von der Wöchnerin im Nebenzimmer bis zu dem Ausläufer erstrecken, der gerade in dem Augenblick, wenn du Mr. Gutlik erzählst, der neue Erdenbürger sei da, in Gutliks Kolonialwarenhandlung ein Fass Essiggurken abliefert.

Ein Vater bekommt es mit dieser höheren Autorität

zum ersten Mal kurz nach der Geburt seines ersten Sprösslings zu tun. Er vernimmt dann, zwischen Glückwünschen eingeflochten, zunächst, wie glücklich er sich preisen darf, dass sein Kind auf so normale Weise zur Welt gekommen ist. Bald beginnt er zu schaudern bei der Vorstellung all dessen, was schief hätte gehen können. „Wie bei der armen Frau Soundso", heißt es etwa. „Zuerst verlief alles ausgezeichnet – einfach ausgezeichnet, als – was denken Sie? – geschah? Das Kind wurde mit dem Gesicht nach hinten geboren!"

Wenn dann das Zweite unterwegs ist, wandelt der Waldundwiesenvater als lebendiges Lexikon von Schauergeschichten umher. Freilich wird man ihm sagen, er brauche sich nicht aufzuregen (beim Zweiten geht alles immer leichter usw.) – aber da weiß er besser Bescheid! Man denke nur an Frau Wie-heißt-sie-doch, deren Kleines mit dem Gehirn im Bauch auf die Welt kam – und gerade, als man glaubte, alles nehme einen so fahrplanmäßigen Verlauf!

Der Himmel schütze den werdenden Vater, falls das Wartezimmer der Entbindungsanstalt sich in der Nachbarschaft einer Sonnenterrasse, eines Lesesaals oder irgendeines sonstigen Gemeinschaftsraumes der nicht bettlägerigen Patienten befindet.

Ich verbrachte die Wartezeit einmal in einem derartigen Zimmer, das neben dem Duschenraum lag. Da in diesem immer nur wenige Patientinnen zugleich Platz fanden, lächelte sich der Überschuss, dem es langweilig wurde, im Korridor Schlange zu stehen, nach und nach in die Gefilde der Polstersessel und -bänke in meiner Nähe heran. Ach, meine Frau erwartete ein Baby! Und gar noch das neunte! „Sie wollen uns wohl aufziehen? Nein? Na, das ist ja einfach wunderbar. Und es geht Ihrer Frau gut? Da haben Sie aber wirklich Glück! Ich habe nur zwei Kinder, aber meine Gebärmutter wölbt sich nach sechs verschiedenen Richtungen vor. Der Doktor kann es einfach nicht verstehen!"

Noch nie hatte ich eine derart gründliche Unterweisung über die Zahl und Verschiedenheit von Frauenleiden erhalten. Anscheinend ist jedes einzelne weibliche Organ hauptsächlich zu dem Zwecke da, den Aufenthalt seiner Inhaberin auf Erden so kurz und schmerzensreich wie möglich zu gestalten. Hier wurden Teile der weiblichen Anatomie, der inneren wie der äußeren, die ich mir bislang nur als Kapitelüberschriften in Lehrbüchern oder Gegenstand medizinischer Forschungen vorgestellt, auf so ungezwungene und zugleich düstere Weise erörtert, als handle es sich um die Namen allbekannter geschichtlicher Katastrophen. Der Schweiß brach mir allmählich aus. Vielleicht war wirklich der Moment gekommen, da unser Glück sich wandeln würde. Acht Kinder, die alle nur dazu beigetragen haben, Ginnys Figur immer mehr zu verbessern – so konnte es unmöglich weitergehen. Wenn ich mir überlegte, was die Frau in dem grünen Kimono eben gesagt hatte …

„Ich gratuliere", rief die soeben hereintretende Schwester. „Ihre Frau hat ein prachtvolles Mädchen, acht Pfund wiegt es."

Die alten Praktikerinnen quietschten in hellem Entzücken wie aus einem Munde.

„Wie geht es meiner Frau?", stieß ich keuchend hervor. „Ist alles gutgegangen?"

Bestürzt über meine sichtliche Aufregung, suchte die Schwester mich zu beruhigen. „Großartig ist alles gegangen. Regen Sie sich nicht so auf! Es war eine ganz leichte Geburt."

An der Türe rollte ein Schatten vorbei. Von dem einen Ende des Berges von Leintüchern und Decken wandte sich Ginnys Gesicht mir zu, ob des frohen Ereignisses strahlend. Sie hob die Hand und winkte herüber.

„Haben Sie das gesehen?", rief eine der Frauen. „Gewinkt hat sie!"

„Na ja", seufzte eine andere. „Bei neunen – was will man da?"

Gleich nach den Schauergeschichten mit ihrer aufwühlenden Wirkung auf den Vater kommt die Flut von guten Ratschlägen von seiten beruflicher wie nichtberuflicher Sachverständiger.

Die größte Autorität auf dem Gebiete der Kindererziehung ist selbstverständlich die Mutter des Vaters; der Grad ihres Einflusses richtet sich darnach, wie bald die Schwiegertochter ihr auf die Schliche kommt.

Ginny gelang dies eines Juninachmittags wenige Monate nach der Geburt von Kip, unserem Ältesten. Sie hatte den Kleinen in meiner Obhut gelassen, während sie einkaufen ging, und als sie zurückkam, fand sie ihn so warm eingepackt, als solle er einem Schneesturm Trotz bieten.

„Was ist denn da um Himmelswillen vorgegangen?" entfuhr es ihr.

„Scht", flüsterte ich. „Mutter ist hier erschienen, während du fort warst. Sie macht gerade eine Tasse Tee in der Küche."

„Deine Mutter hat das hier getan?"

Ich nickte und wünschte zugleich inbrünstig, ich wäre einem früheren Zuge gefolgt, der mich hieß, Mönch zu werden.

„Was denkt sie sich eigentlich", fragte Ginny und zog dem Kind die Strümpfe ab, „will sie ihn ersticken?"

„Bist du da, Ginny?", ertönte Mutters Stimme aus der Küche.

„Der Kleine hat ein bisschen zu warm", antwortete ich in dem Versuch, die Krisis in aller Güte beizulegen. „Wir ziehen ihm ein paar Sachen aus."

„O nein, tut das bloß nicht", rief Mutter und kam schleunigst herbeigeeilt. „Es ist so zugig mit den offenen Fenstern da." Angewurzelt blieb sie stehen, als sie sah, daß die Drohung bereits in die Tat umgesetzt war. Die beiden Mütter standen einander entschlossen gegenüber.

„Ich will nicht, dass er an einem warmen Tag wie heute Strümpfe trägt", erklärte Ginny fest.

Mutter fuhr ihre schwere Munition auf. „Der alte Dr. Henry sagte immer –" setzte sie an; doch Ginny, die es überdrüssig war, zu hören, was er immer sagte, fiel ihr kurzerhand ins Wort: „Es ist mir einerlei, was er immer sagte. Mein Kinderarzt sagt, dass Strümpfe bei solchem Wetter überflüssig sind."

Das war Hochverrat. Der alte Dr. Henry, durch seinen jetzt zehn Jahre zurückliegenden Tod noch unfehlbarer geworden, hatte für meine Mutter Anbeginn und Ende aller medizinischen Weisheit bedeutet. Soweit sie in Frage kam, war es an dem Tage, als er die Augen auf ewig schloss, mit der Heilkunde ein für allemal aus gewesen.

„So", schnaubte Mutter, „Strümpfe sind also überflüssig? Nun, dein Mann ist mit Strümpfen an den Beinen groß geworden, und sie scheinen ihm nicht im geringsten geschadet zu haben. Er hat es vielmehr seinen Babystrümpfen zu verdanken, wenn er heute nicht an Rheumatismus leidet. Der alte Dr. Henry –"

Doch hier stockte sie gerade noch rechtzeitig. „Na schön", setzte sie abschließend hinzu, „es ist ja natürlich dein Kind, und du kannst es aufziehen, wie es dir richtig scheint. Aber einen guten Rat dürftest du immerhin dann und wann annehmen."

Anfangs nötigten uns die regelmäßig in der Presse erscheinenden Anweisungen der Mütterberatungsstelle ebenso große Hochachtung ab wie die Sulfonamide. Wir waren dankbar dafür, dass sie gerade rechtzeitig aufgekommen waren, um unsere Sprösslinge vor Gott weiß was für grauenvollen Todesarten zu bewahren. Als jedoch die Schar unserer Kinder dauernd zunahm, fanden wir es immer schwieriger, jenen Stimmen der Erfahrung zu gehorchen.

„Will Ihr Kind durchaus nicht sauber werden?", war ein Artikel betitelt. Wenn uns diese Frage bisher wenig bekümmert hatte, von diesem Augenblick an tat sie es bestimmt. „Halte strikt darauf, dass dein Kind täglich zu festgesetzten Zeiten seine Geschäfte verrichtet!", lautete eine andere Mahnung. Dieses Vorgehen stand indessen in völligem Widerspruch zu den Bedürfnissen der Kinder. Sie mochten sich einfach nicht an den bekannten Ort schleppen lassen, ehe es gar nicht mehr anders ging. Die Individualisten unter ihnen behielten lange die Gewohnheit bei, ihre Wünsche mit lauter Stimme selbst in Gegenwart von Gästen zu den unerwartetsten Augenblicken mit den Worten „Thron sitzen, Mami!" kundzutun, worauf Ginny oder ich sie in aller Eile hochnehmen und hinaustragen mussten, um den Hof mit Müh und Not möglichst noch zu erreichen. In der Jahreszeit der winterlichen Kleidung konnte dieses System – oder diese Systemlosigkeit – für jemand, dem Geschwindigkeit keine Hexerei war und der keinen starken Instinkt für das Glücksspiel besaß, ziemlich nervenaufreibend werden.

„Sind eure Kinder wählerisch bei Tisch?", wollte eine andere Schlagzeile wissen, die uns gar manche Mahlzeit verdarb. Zunächst, hieß es da, mussten die Stühle bequem sein. Sodann wurde anbefohlen, die Speisen nur gelinde zu würzen, um die zarten kindlichen Gaumen nicht abzustumpfen.

Wie die Kinder herausbekamen, ob die Stühle bequem oder unbequem waren, wurde mir nie klar, denn sie hockten meist auf dem äußersten Rand des Sitzes oder saßen mit einem oder beiden Beinen untergeschlagen da. Was die Würze betraf, so schienen Salz und Pfeffer stets der begehrteste Teil des Essens zu sein.

Ein Rat aber schien mir ganz einzigartig und höchst beachtenswert. „Sprichst du mit deinen Kindern?", fragte der Verfasser. „Schulst du sie in der Kunst des Gesprächs, oder lässt du sie einfach auf den Wiesen der Unterhaltung dahinwandern gleich verirrten Schafen?" Hier brauchten wir uns auf die Antwort nicht lange zu besinnen; tatsächlich ließen wir sie dahinwandern, wenn auch nicht so sehr wie verirrte Schafe als wie eine Herde ausbrechender Elefanten.

Hier, so erläuterte der Artikel, muss man sich eine Liste von Gesprächsthemen aufstellen, die man mit an den Tisch bringt und von der man sich von einem belehrenden Thema zum anderen geleiten lässt. Kommt das Gespräch nur langsam in Gang, so wissen kluge Eltern es unschwer mit ein paar zündenden Fragen zu beleben. Dies leuchtete mir ein, und so erschien ich eines Abends am Tisch mit einer Liste von Themen, die, so vermeinte ich, dem mich üblicherweise umschwirrenden ziellosen Geplapper alsbald ein Ende bereiten würden.

Eine Zeitlang ließ ich die Kinder reden, wie ihnen der Schnabel gewachsen war, um sie gewissermaßen anzuwärmen. Ohne Einspruch lauschte ich beim Suppen-

Essen der Eröffnung, dass Nina (ihrer eigenen Aussage nach) keine Bauchschmerzen bekomme, wenn sie Giftsumach esse, dass Tony die Treppe hinuntergefallen sei und dergleichen mehr.

Dann stellte ich die erste der vorgesehenen Fragen, eine ganz gerissene Einleitung, so dachte ich, zu einer lebhaften Diskussion über städtische Verwaltung. „Wer", hob ich an, „meint ihr, hat wohl den neuen Spritzenwagen unserer Feuerwehr bezahlt?"

Es folgte ein Moment atemlosen Schweigens. Dann schrie Nina gellend: „Papi! Hast du?"

„Nein", protestierte ich ärgerlich, „natürlich nicht. Wie könnte denn ich einen Spritzenwagen bezahlen?"

„Aber du hast doch gesagt –"

„Ich hab euch nur was gefragt."

„Tony stopft sich mit Butterbrot voll", verkündete Danielle, der Zerberus der Familie. „Er mag seine Erbsen nicht aufessen."

„Wie ist das nun also mit dem Spritzenwagen?", setzte ich wieder an.

„Ich will mal Mr. Martin fragen", meinte Kip. „Der weiß es sicher."

Schließlich verlegte ich mich auf eine andere Gesprächseröffnung: „Ich möchte wetten, keines von euch weiß, wie unser Bürgermeister heißt! Oder?"

David machte ein nachdenkliches Gesicht. „Ich glaub nicht, daß wir einen Bürgermeister haben. Ich dachte immer, wir hätten einen Gemeinderat und einen Präsidenten."

Der Tisch ratterte vor Lachen. „O Papi!", grölte die versammelte Kinderschar.

Ginny suchte meinen Rückzug mit der Frage zu decken: „Warum hören wir ihnen nicht lieber einfach zu, Schatz?"

Ich habe noch nie einen Artikel mit der Überschrift: „Hört ihr curen Kindern zu?" gelesen. Doch hoffe ich, einmal Zeit zu finden, selber einen zu schreiben.

„Ich möchte nur wissen", überlegte Nina nach einem Weilchen, „wie das sein würde, wenn Holz weiterwüchse, nachdem ein Baum gefällt ist?"

Wie auf Zauberschlag versiegten die lärmend dahinrauschenden Bächlein der Alltagsgespräche, und es trat eine momentane Stille ein, während die absonderlichen Möglichkeiten der neuartigen Idee in den Köpfen Gestalt anzunehmen begannen.

„Maximal!", äußerten sich die Größeren dann anerkennend.

„Hurra!", schrien ein paar, und man spürte förmlich, wie sie nach Worten rangen, um die wild in ihren Köpfen wirbelnden Bilder durch die reißenden Stromschnellen der Phantasie in die Gewässer allgemein verständlichen Redeflusses zu steuern.

„Wenn wir einen Schuppen bauten, dann hätten wir nach ein paar Jahren einen Wolkenkratzer", rief der Älteste, ganz hingerissen von der sich vor ihm auftuenden neuen arbeitsparenden Bauweise.

„Jawohl", nickte David, unser Ingenieur, „aber es wären nicht genug Fenster drin. Stell dir ein zehnstöckiges Haus vor, das bloß eine einzige Fensterreihe hätte!"

„Oder man könnte einen Zahnstocher in den Boden stecken", sagte ein anderes, „und ein bisschen später wäre dann eine Telegraphenstange daraus geworden."

„So schnell wächst Holz gar nicht", wandte eine der Töchter ein. „Das würde doch sicher hundert Jahre dauern, nicht, Papi?"

„Mehr oder weniger", stimmte ich bei.

„Wie ginge es dann Leuten mit 'nem Holzbein?"

„Die würden einfach Riesen werden."

„Wieso wächst denn Holz überhaupt?", fragte David, indem er mich fest in die Augen fasste.

„Tja", antwortete ich und räusperte mich leicht, „das ist ein ziemlich komplizierter Vorgang. Siehst du –"

„Meinst du nicht, Davidlein", kam mir seine Mutter wiederum zu Hilfe, „meinst du nicht, wir sollten das nach Tisch zusammen im Lexikon nachschlagen? Da steht doch alles ganz genau drin."

Eine halbe Stunde danach hingen die Köpfe der Kinder wie ein Bündel Kokosnüsse über den Seiten des Konversationslexikons. „Papi", sagte David, „hast du gewusst, dass der Saft in einem Baum rauf und runter fließt genau wie das Blut in deinen Adern?"

„Na, ganz so ist es wohl nicht", suchte ich mich hinter meiner Zeitung herauszureden.

„O doch, sicher. Hier steht es, guck? Der Baum hat Adern gerade wie du."

Später abends, als die Kinder im Bett lagen, ertappte mich Ginny dabei, dass ich im Lexikon blätterte.

„Ich dachte, du wüschest Strümpfe oder sonstwas", sagte ich und schob das Buch so unauffällig wie möglich in sein Fach zurück.

„Höre mal", erwiderte sie, „haben Bäume denn tatsächlich Adern wie unsereins?"

„Ach, weißt du", sagte ich leicht abwehrend, „es ist doch eigentlich schon recht lange her, seit ich mich mit dergleichen befasst habe."

„Ja natürlich, Darling", lächelte sie. „Du hast wahrhaftig die ganze Zeit den Kopf voll genug mit andern Dingen gehabt."

Als ich am folgenden Abend aus der Redaktion heim-

kam, fand ich Nina und Danielle inmitten einer unge-
wöhnlich großen Schar von Nachbarskindern, die
offensichtlich auf meine Rückkehr gewartet hatten.

„Papi", rief mir Danielle entgegen. „Sag du es ihnen.
Sie wollen uns nicht glauben, dass du einen Spritzenwagen gekauft hast!"

Das Beste fürs Kind
Die Qual der Wahl beim Kinderkram-Kauf.

Lisa Feller

Wir sind ein freies Land. Hier kann jeder machen, was er will. Ich möchte niemandem vorschreiben, wie er sein Kind nennt. Und selbst Namenskreationen wie Harald-Justin oder Shania-Elvira verstoßen höchstens gegen persönliche Geschmacksgrenzen. Ob Mädchen Fußball spielen oder Jungs sich eine Elfenbarbie wünschen, das alles dient der freien Willensentfaltung und dem Weg, den der liebe Gott für unsere lieben süßen kleinen Erdenbürger vorgezeichnet hat. Ich laufe allerdings geistig Amok, wenn ich Sätze von Vätern höre wie neulich beim Kita-Karneval: „Der soll doch werden, was er will. Und wenn sie schwul werden, watt willste machen? Muss es auch geben. Können die ja auch nichts für, die sind halt krank." Schwer erschüttert angesichts dieses Niveau-Limbos, fragte ich dieses wandelnde Intelligenzvakuum nach der Verkleidung seines Sohnes. „Es" platzte vor Stolz: „Och, du kennst doch den Maurice. Der findet doch Superschtars so toll. Der wollte unbedingt als Mark Medlock gehen." Guck an, guter Gott der Gerechtigkeit!

Jeder Jeck ist anders. Aber eins ist klar, wenn ich Bundeskanzlerin wär, dann gäb's nur Pampers. Ich hab sie alle durch. Babylove, Babydream, Vibelle, Mamia, die Fixies und Foxies und wie sie alle heißen. Getrieben vom mütterlichen Ehrgeiz, das Haushaltsbudget ökonomisch zu verwalten, damit Mutti am Ende des Monats mit den gesparten Haushaltstalern auch den Zalandomann glücklich machen kann. Also habe ich die gesamte Windelvielfalt unseres Konsumkapitalismus von meinem Sohn durchpinkeln lassen. Jaja, ich weiß, was mir werdende Erstmütter jetzt sagen wollen: „Du, Lisa, das ist für mich so voll nicht das Thema so, ich werde da nämlich einfach Stoffwindeln nehmen. Ich mach diesen PVC-Terror echt nicht mit. No way. Das ist für uns einfach 'n absolutes No-Go." Ach ja? Soso.

Wer einmal die erfrischend weiche, mittelflüssige Konsistenz eines ökologisch korrekten Muttermilchstuhls, warm gesessen und durch sämtliche Klamotten durchgesickert, entsorgt hat, ändert seine Meinung wahrscheinlich genauso schnell wie ich. Ich möchte hier in aller Deutlichkeit noch mal über die Beschaffenheit der Ausscheidung sprechen. Im ersten Moment denke ich an Kürbiscremesuppe, aber das trifft es nur unzureichend. Es ist eher Kürbiscremesuppe mit einem Schuss

Gartenerde und schleimigen, vergorenen Pfirsichbrei-kaulquappen. Gepaart mit einem beißenden, leicht stechenden Geruch, entwickelt dieser Stillstuhl die unangenehme Fähigkeit, sich siebdruckartig durch weiße Baumwollbodys und himmelblaurosafarbene Nickistrampler zu matschen. Was wiederum eine Komplettreinigung des Kindes mit Handdusche und Babyeimer (der ganze Rücken war auch voll. Bis zum Haaransatz!) und der kompletten Stoffwindeltakelage erforderlich macht.

Wer meint, er hätte vier- bis fünfmal am Tag genug Zeit und Geld für solche Sperenzchen, dem gratuliere ich zu seinem reinen Ökogewissen und sage: Selbst schuld. Ich nehme einfach eine neue Pampers und schmeiß die Bodys weg. So 'n Body kostet doch nichts. SCHERZ! In Wahrheit schmeiß' ich nur die Pampers weg und wasch die Bodys natürlich. Und bin froh, dass Dreiviertel in der Windel geblieben sind. Ich weiß, dass Pampers die teuersten sind. Noch mal: Ich habe völlig verzweifelt alles andere probiert, und es nutzt nix. Und nein, ich kriege leider kein Geld von Pampers. Noch nicht mal Freiwindeln oder B-Ware zum Vorzugspreis (kleine Materialfehler, fehlender Verschluss o.ä.). Fazit: Ich halte es mit Tina Turner, die da singt: „Simply the best!"

Mit dieser Einstellung geht die bereits erfahrene Mutter nun natürlich auch einen Kinderwagen kaufen. Wie soll er denn wohl sein? Marke egal, Hauptsache gut. Oder einfach der Beste, ist ja logisch!

Im Vorfeld wurde das sagenumwobene Internet in seiner unendlichen Weite und Weisheit nach guten Vorschlägen und Testergebnissen durchforstet. Stiftung Warentest und Ökotest werden natürlich sträflich ignoriert. Solche plumpen Tests beleidigen meine Intelligenz. Wenn du mich fragst, stecken die mit der Kinderwagenindustrie unter einer Decke. Man weiß doch, wie so ein Test-Ranking zustande kommt. Eine Hand wäscht die andere so lange, bis beide dreckig sind. Und dann behauptet irgendeiner „der-die-das ist das Beste". Dass ich nicht lache. Angeblich sollen ja auch Pampers die besten Windeln sein. Wer's glaubt, wird selig. Die wahre Objektivität findest du nur in diesen zahlreichen Elternforen. Wo Mütter ihre wertvollen, unter Entbehrungen gemachten, Praxiserfahrungen in den Dienst der Allgemeinheit stellen. Für mich ein Stück weit gelebter Wissenssozialismus. Eine für alle, alle für eine. Da schreibt zum Beispiel Honigbienchen73 im Stramplerforum:

„Huhu, ihr Süßen, hab mir gestern den Hartan Racer gekauft. Suuuupicool. Kann ich nur empfehlen. Lässt sich toll schieben, und der kleine Wurm fühlt sich echt wohl. Oder was meint ihr?"

Auf diese Frage meldeten sich noch Marienkäfer, Lätzchenmutti und Lovelace69. Während die ersten beiden ins selbe Horn wie Honigbienchen73 tuteten, behauptete Lovelace69 steif und fest, dass das Ding total „scheiße" wäre und noch nicht mal gehalten hätte, als sie und ihr Mann… ach komm, ich erspare mir und euch Details dieser nicht sachgemäßen Zweckentfremdung eines anständigen deutschen Babyzubehörs *Made in China*.

Also hab ich zu meinem Süßen gesagt: „Du kennst dich doch aus mit Autos. Jetzt kannste mal zeigen, warum du jahrelang diese blöde ‚Auto, Motor & Sport' im Abo hattest." Diese zugegebenermaßen nicht ganz wertungsfrei getätigte Aussage veranlasste meinen lieben Schatz seinerseits zu einer unfreundlichen, aber seiner Meinung nach völlig wertungsfreien Antwort: „Samma, tickst du noch ganz sauber? Das Einzige, was ein Kinderwagen und ein Auto gemeinsam haben, sind vier Räder." – „Gut", sag ich, „dann ist das unsere gemeinsame Basis. Farbe und den Rest entscheide sowieso ich."

Zehn Minuten später standen wir im Showroom des „Kids 'n Stuff & mehr"-Ladens im Industriegebiet an der B63. Ja, da standen sie alle. Fein in Reih und Glied. 20 Hartan Racers, 43 Hartan Skaters, 12 Quinnys, 23 Teutonias und so weiter.

Außerdem noch ein Modell, das ehrlich gesagt ziemlich hässlich war, aber dadurch mein Mitleid auf sich zog (der Arme!). Auf meine Frage, ob das Einzelstück da reduziert wäre, fiel die Verkäuferin in eine vorgetäuschte Ohnmacht. „Aber junge Frau! (So werde ich am liebsten angesprochen. Schade – immer, wenn man seine 45er Magnum mal braucht, hat man sie nicht dabei.) Das ist ein Bugaboo! Ein ganz exklusives Modell, den haben doch die Heidi Klum und die Gwyneth Paltrow. Haben Sie denn nicht die Fotos in der letzten ‚Gala‘ gesehen? Da sind die Leute mit der Zeitung in den Laden gestürmt und haben uns die Dinger aus den Händen gerissen! Der kostet natürlich auch.“ „Auch“ war in diesem Falle mit allem Zubehör satt vierstellig.

Mit der Panik im Genick, den Zalandomann über ein Jahr nicht zu sehen, hörte ich mich mit fester Stimme sagen: „Wissen Sie was, das ist mir doch egal, wer den hat. Ich nehm da hinten, den Kiddy Allstar für 199 Euro inklusive Regenplane.“ Achselzuckend, ja sogar fast feindselig entgegnete mir Miss Moneypenny kühl: „Natürlich. Sehr gerne. Das muss ja jeder selber wissen, was ihm DAS wert ist!" Während ich vor Scham in den Boden versinken wollte, weil mir klar war, dass mit DAS natürlich mein kleiner Augapfel gemeint war, meldete sich mein großer Augapfel energisch zu Wort: „Moooooooooment! Wir nehmen den Heidi-Klum-Kinderwagen." Und zu mir gewandt: „Ich hab doch gesehen, wie deine Augen geblitzt haben. Du bist doch meine Heidi Klum. Und Hauptsache, du bist glück-lich!" Dass ich beim Augenblitzen eigentlich an den Zalandomann gedacht habe, habe ich mal elegant untern Tisch fallen lassen. Denn mit seiner souverän vorgetragenen und überaus großzügigen Entscheidung hatte mein Mann mal eben so drei Menschen glücklich gemacht: Miss Moneypenny war ihr Restexemplar los-geworden, mein Schatz brauchte keine Minute länger in dem Babytempel zu verbringen, und mein Sohn darf seitdem mit einem waschechten Promikinderwagen durch die Gegend fahren.

Fazit: Das Richtige fürs Kind? Keine Ahnung! Das Beste ist nicht immer das Richtige, das Richtige nicht immer das Beste und das Teuerste auch nicht. Was weiß ich, muss doch jeder selber wissen. Ich weiß nur eins: Pampers sind die Besten. Basta. Punkt aus. Wenn Sie mich fragen. Ehrlich. Oder?

Im Namen des Fötus, des Hohns und des ewigen Spotts

Hazel Brugger

Ich versuchte, dem Säugling nicht direkt in die Augen zu schauen. Ich hatte mal irgendwo gelesen, dass das Babys aggressiv mache, und auch wenn das Neugeborene noch keine Zähne hatte, wollte ich lieber nichts riskieren. Schließlich hatte so ein Breivik oder Göring auch einmal keine Zähne gehabt, und keinem von beiden wollte ich freiwillig in die Augen schauen.

Was ich denn dazu meine, riss die Mutter der Brut mich aus meinen tiefen Gedanken, sie finde ja, ihre Tochter habe genau die Nase des Vaters und exakt ihr Lächeln. Offensichtlich hatten sie mit der guten Figur auch alle guten Geister verlassen. Es ist ja wohl allgemein bekannt, dass das echte, spezifische Lächeln erst irgendwann zwischen dem fünften und siebten Lebensmonat einsetzt, und da Nasen sowieso nie aufhören zu wachsen, handelt es sich dabei um ein denkbar dummes Vergleichsorgan.

Es musste wohl am Hormoncocktail liegen, aber es schien doch etwas dran zu sein am alten Sprichwort „Muttermund tut Unsinn kund", so war dieser jetzt nämlich dazu fortgeschritten, mir in aller Ernsthaftigkeit von den Schönheiten der natürlichen Geburt zu berichten. Nun, ich weiß ja nicht, aber wenn ich zum Beispiel vor der Aufgabe stünde, einen kahlrasiertschleimigen, adipösen Bernhardinerrüden unter Schmerzen aus dem Haus in den Garten bekommen zu müssen, so würde ich mich vermutlich dazu entscheiden, einfach die Haustüre zu öffnen, anstatt ihn schreiend und stöhnend und jegliche Würde verlierend mit aller Kraft durchs Katzentürchen zu pressen. Es schien mir aber trotzdem keine sonderlich gute Idee zu sein, nun auf ihren vorerst total zerstörten Intimbereich und ihr dahinsiechendes Sexualleben einzugehen.

Ja, zu meinem großen Vergnügen war ich selbst ein Kaiserschnittbaby, was mir die Qual ersparte, bis zu meinem sechsten Lebensjahr irgendwelche albernen Hüte aufgesetzt zu bekommen und mir von diesen ganzen Eltern natalgepresster Saugglockenkinder Dinge anhören zu müssen wie „Keine Angst, das wächst sich ganz bestimmt noch raus" oder „Ach, also so ein bisschen asymmetrisch find ich ja ganz sympathisch, und es ist ja auch wissenschaftlich erwiesen, dass genau das das gewisse Etwas bei einer Person ausmacht, dieser fast schon hundertwassereske gequetschte Look, dieser Bruch sämtlicher Perspektiveregeln".

Na ja, das soll jetzt nicht heißen, dass ich gar nicht leiden musste, im Gegenteil. Denn wer sein Kind Hazel nennt, vergisst es auch an der Autobahnraststätte. Oder im Bällchenbad bei IKEA, und dann viel Glück bei der Lautsprecherdurchsage, wenn alle Kunden sich fragen, was für ein Esel denn gerne im Kinderparadies abgeholt werden möchte.

Wenn man sein Kind schon nach einem Nahrungsmittel benennen muss, dann sollte es wenigstens etwas Poetisches sein, mit Tiefgang. Charlotte zum Beispiel. Damit kann man an jedem Elternabend beim Small Talk punkten: Meine Tochter ist, analog zur gleichnamigen mittelasiatischen Edelzwiebel, sehr vielschichtig, und ich müsste vermutlich weinen, wenn ich sie mit dem Messer in viele Tausend Stücke zerhackte.

Inzwischen hatte das Baby begonnen, einen Kotzschwall in drei verschiedenen Aggregatzuständen von sich zu geben. Die Mutter war höchst entzückt und sagte etwas von wegen „Geschenk des Himmels", „herrlich infantile Unbekümmertheit" und „es geht ja alles viel zu schnell vorbei".

Warte nur, bis du senil, dement und wieder in Windeln bist, dann kann's dir vor lauter Unbekümmertheit gar nicht schnell genug gehen, dachte ich und war wieder einmal überrascht darüber, wie ausgerechnet die prüdesten Leute immer am offensten über die Freude am eigenen Kind sprechen, wo sie doch über dessen Produktion nie ein Wort verlieren würden. Als wäre der Klapperstorch eine wissenschaftliche (wenn auch an Sodomie grenzende) Tatsache und weitaus weniger pervers als der sexuelle Akt an sich, ganz nach dem Motto: Hello, I am the Klapperstorch, I put the babies in the ladies – und jetzt hoch das Bein, ich habe nicht unbegrenzt Kaulquäppchen in meinem Schnabel, und Sie werden auch nicht jünger, gute Frau.

Nein, so etwas würde ich mir ganz bestimmt nie antun wollen – auf gar keinen Fall unvorbereitet. Also knockte ich die Mutter zur Seite, schnappte mir das Baby und rannte davon. Heute öle ich den Säugling regelmäßig ein und presse ihn durch die Katzentüre. Ich werde bestimmt einmal eine sehr, sehr gute Mutter.

Mitläufer der Zeit

Wladimir Kaminer

Unsere Nichte, das Baby Sonja, hatte Geburtstag. Zum ersten Mal erreichte es ein Alter im zweistelligen Bereich. Wir wollten es nicht glauben, dass unsere kleine Sonja, die gerade eben noch unter dem Tisch gekrabbelt war wie eine Katze, nun bereits selbst einkaufen ging. Wir bewunderten Sonja und wollten für sie ein paar schöne Geschenke finden, obwohl ich nicht genau wusste, was einem zehnjährigen Mädchen von heute Freude machen könnte.

Anstatt über die passenden Geschenke nachzudenken, philosophierte ich jedoch über den Lauf der Zeit. Die läuft neuerdings nämlich wie verrückt. Unwahrscheinlich, dass sie auch früher schon so sportlich war. Ich glaube, bevor der erste Mensch auf die Welt kam, stand sie sogar komplett still. Die Zeit war bloß ein Punkt, der sich nicht bewegte. Mond und Sonne leuchteten friedlich nebeneinander am Himmel, die Wolken hingen an für sie speziell ausgewiesenen Stellen, und alle Bäume waren ewig grün. Erst die Menschen haben die Zeit zum Laufen gebracht. Anfangs drehte sie sich im Kreis, und die Menschen drehten sich mit, von

Ernte zu Ernte, von Winter zum Herbst. Sie lebten zyklisch. In regelmäßigen Abständen beteten sie jeweils einen anderen Gott an, den sie in diesem Kreislauf gerade für zuständig hielten. Erst die Christen unterbrachen den Kreis und zogen die Zeit zu einer Linie aus, die mit Jesu Geburt begann und mit seiner Wiederkehr enden sollte. Die Atheisten verkürzten diese Strecke drastisch, ihre Zeit begann mit ihrer eigenen Geburt und endete mit ihrem Tod. Das Davor und vor allem das Danach hatte mit ihrem Leben nichts zu tun, dachten sie.

Die Abenteuer des atheistischen Bewusstseins gehen aber weiter, die Zeit wird immer kleiner und schneller. Die Menschen der Gegenwart sind rund um die Uhr damit beschäftigt, auf jeden Quatsch zu reagieren. Alle fünf Minuten bekommen sie irgendwelche „Nachrichten" bzw. „Informationen", oder sie prüfen ihre „Post". Sie glauben am Weltgeschehen teilzunehmen, haben große Pläne, aber überhaupt keine Zeit. Sie haben jeden Respekt vor der Zeit verloren und benehmen sich so, als wäre die Zeit ihre kleine Nichte, die wie eine Katze unterm Tisch krabbelt und mit der man alle möglichen Späße veranstalten kann.

„Die Menschen vergeuden ihre Zeit, oder sie teilen sie mit anderen, als wäre sie ein Kuchen. Manchmal bringen sie die Zeit sogar um, besonders die Pubertierenden. Wenn sie gerade dabei sind, ihre Kindheit zu beenden, versuchen sie die Vergangenheit so schnell wie möglich zu beseitigen, um keine Zeugen zu hinterlassen. Wo sind eigentlich die achtzehn Barbies meiner Tochter? Wären sie für Sonja nicht ein supertolles Geschenk?, überlegte ich. Meine Tochter saß mit ihren zwei Freundinnen in der Küche und „chillte".

„Kannst du mir sagen, Liebling, wo deine achtzehn Barbies geblieben sind?", fragte ich meine Tochter diskret. Sie schaute mich an, als wäre ich vom Mond gefallen.

„Erst einmal waren es niemals achtzehn, Papa, sondern nur zwölf. Du übertreibst wie immer gewaltig. Zweitens sind die Puppen zwar da, in einem großen Sack im Keller, wo ‚Kinderscheiß' draufsteht, man darf sie aber nicht mehr als Spielzeug einsetzen. Sie sind nämlich kaputt. Das ist allgemein bekannt, Papa, dass Puppen kaputtgehen müssen, damit die Kinder erwachsen werden. Deswegen darf man nie altes Spielzeug an neue Kinder verschenken", klärte mich Nicole auf.

Ihre Freundin Johanna bestätigte mir sogleich diese an sich gewagte These. Sie hatte als Kind ihre Babyborn-Puppe sehr geliebt. Diese Puppe konnte wie ein echter Mensch auf die Toilette gehen, vorausgesetzt, man hatte sie zuvor gefüttert. Johanna hatte also an ihre Baby-born-Puppe gleich am ersten Tag sämtliche Puppen-Vorräte verfüttert. Die Baby-born-Puppe zog daraufhin vom Kinderzimmer ins Badezimmer um. Den Eltern hat das überhaupt nicht gefallen. Zum einen war die Toilette ständig besetzt, zum anderen mussten sie laufend das spezielle Baby-born-Futter für teures Geld nachkaufen. Die Eltern von Johanna wollten dieses Spiel irgendwann nicht mehr länger mittragen. Daraufhin fing Johanna an, ihre Lieblingspuppe mit dem eigenen Frühstück zu füttern, später nahm sie die Lebensmittel einfach aus dem Kühlschrank. In ihrer Vorstellung hatte Baby born ständig Hunger. Was dazu führte, dass Baby born Verstopfung bekam und von innen zu schimmeln begann. Schließlich brachte Johanna die Puppe in den Keller und wurde erwachsen.

Bei Nicoles Lieblingsbarbie konnte man die Haarfarbe ändern. Wenn man sie ins Wasser legte, würde die blonde Barbie brünett, so lautete das Werbeversprechen. Nicole versuchte es mehrmals, ihre Barbie wurde aber nicht brünett, sondern graugelb. Entweder hatte sie die Puppe zu lange ins Wasser gelegt oder zu kurz. Nicole bemühte sich, ihren Fehler wiedergutzumachen: Sie tunkte ihre Barbie in kochendes Wasser, in Milch und dann sogar in Coca-Cola. Nichts half. Die Barbiepuppe änderte zwar ihre Farbe, aber nicht in die von Nicole gewünschte Richtung. Am Ende der Verzweiflung nahe schnitt Nicole ihrer Barbie die Haare ab, brachte sie in den Keller und wurde erwachsen.

Ähnliches ist ihrer Freundin Lea mit ihrem Teddybär passiert. Der Bär verfügte über wunderbare menschliche Eigenschaften, er konnte sprechen. Wenn man ihn aufrecht setzte, sagte er, „Hallo, ich bin der Bär". Wenn man ihn auf den Rücken legte, sagte er, „Ich hab dich lieb", und wenn man ihn fallen ließ, sagte er, „Dummkopf". Mit diesem kommunikativen Spielzeug konnte man sich tagelang unterhalten, bloß ging mit Leas Bär etwas schief: Er fiel einmal unglücklich vom Schrank und sagte von da an nur noch „Dummkopf", ganz egal, wie man ihn setzte oder legte. Lea versuchte alles Mögliche, um den Bären umzustimmen. Sie verheiratete ihn sogar mit einer Plüschziege, aber nichts half. Am Ende warf sie den Bären zurück auf den Schrank, das Tier verstummte, und Lea wurde erwachsen.

„Mit altem Spielzeug kannst du niemanden glücklich machen", meinte Nicole, „man kann es nicht weiterverschenken, so wie man seine Kindheit nicht verschenken kann. Ihre Zeit ist abgelaufen, sie ist fortgegangen, für immer, und keiner weint ihr eine Träne nach. Nur kahlrasierte Barbies und verschimmelte Baby-borns schauen ihr aus den Kellern traurig hinterher."

„Und was schenken wir nun Sonja zum Geburtstag?", hakte ich nach.

„Wir schenken ihr das, was sich Kinder in ihrem Alter besonders wünschen. Zum Beispiel das neue iPad mit USB-Anschluss", sagte Nicole pragmatisch und lenkte mich damit von weiterem Philosophieren ab.

Wieso ich Dichter wurde

Heinz Erhardt

Als ich das Gaslicht der Welt erblickte, war ich noch verhältnismäßig jung.

Meine Eltern waren zwei Stück, und mein Vater war sehr reich: er hatte zwei Villen, einen guten und einen bösen. Und eines Tages – es war sehr kalt, und ich fror vor mich hin, denn nicht nur meine Mutter, auch der Ofen war ausgegangen – teilte sich plötzlich die Wand, und eine wunderschöne Fee erschien! Sie hatte ein faltenreiches Gewand und ein ebensolches Gesicht. Sie schritt auf meine Lagerstatt zu und sprach also: „Na, mein Junge, was willst du denn mal werden?" Ich antwortete – im Hinblick auf meine ziemlich feuchten Windeln: „Ach, gute Tante, vor allem möcht ich gern ‚dichter' werden!"

Das hatte die Fee missverstanden, was du, geduldiger Leser, dem vorliegenden Buch unschwer entnehmen kannst!

Emil schickt Sternenlicht

Michael Kneissler

Nachdem ich mein letztes Buch geschrieben hatte, verwickelte mich Emil in ein Gespräch. Es ging etwa so:

„Papa, wenn man Bücher schreibt – kriegt man dafür Geld?"

„Klar kriegt man dafür Geld. Geschichten schreiben ist mein Beruf. Wenn ich dafür kein Geld kriegen würde, wären wir ganz arm."

„Aber Papa, wir sind doch ziemlich arm, wegen Clara, Sami und Jamie."

„Wieso das denn?"

„Ja weißt du das denn nicht, Papa?", sagte Emil überrascht.

„Nein, nicht ganz genau."

„Okay", sagte Emil, „ich erklär's dir. Wenn wir Clara, Sami und Jamie nicht hätten, könnten wir uns einen Porsche kaufen."

„Aha", sagte ich.

„Ja", sagte Emil, „weil Kinder so viel Geld kosten."

„Stimmt", sagte ich, „aber dann hätten wir Clara, Sami und Jamie nicht. Und ich finde, dass die drei viel mehr Luxus sind als ein Porsche."

„Papa, was ist Luxus?"

„Luxus sind Dinge, die man eigentlich nicht braucht."

„Stimmt", sagte Emil, „wer braucht eigentlich Clara, Sami und Jamie?"

„Moment mal", sagte ich, „ich brauche Clara, Sami und Jamie. Ich brauche sie sogar viel dringender als einen Porsche. Ich liebe sie nämlich."

Emil dachte ein wenig nach. Dann nickte er: „Eigentlich liebe ich sie auch. Aber nicht immer. Und außerdem ist unser Auto auch nicht schlecht, es hat sieben Sitze."

„Siehste", sagte ich erleichtert, „das ist der Vorteil, wenn man so viele Kinder hat wie wir."

„Trotzdem", antwortete Emil, „ein Porsche wäre auch nicht schlecht. Der ist nämlich viel schneller. Ich kaufe uns einen Porsche."

„Wie denn?", fragte ich.

„Ganz einfach, Papa, ich schreibe auch ein Buch, und von dem ganzen Geld, das ich dafür kriege, kaufe ich einen Porsche. Und ganz viel Pommes mit Ketchup und jede Menge Lollies. Dann bin ich nämlich Millionär."
Emil will alles aufschreiben, was er denkt und fühlt, und vor allem will er erklären, wie eine hundsgemeine Bande funktioniert. Er ist nämlich der Häuptling einer solchen Bande im Kindergarten.

Am nächsten Tag hat Emil sich schon den Anfang ausgedacht. Er sagt: „Papa, wir machen es so: Ich sage alles, und du schreibst alles auf. In den Computer, so wie du es mit deinem Buch auch gemacht hast."

Ich schaltete den Computer ein, Emil diktierte, und ich schrieb: „Als ich noch ein Sternchen am Himmel war, habe ich immer runtergeguckt auf die Erde, weil ich doch nach einem Papa und einer Mama suchen musste, die sich ganz lieb haben. Beim Runtergucken bin ich schon etwas nervös geworden, weil die Erde eine Kugel war, auf der viele, viele Papas und Mamas rumstanden. Das war ein Gewimmel! Wie sollte ich da nur die richtigen finden? Ich habe geguckt und geguckt, und plötzlich habe ich einen Mann gesehen, der größer war als die anderen Männer und der mir gut gefallen hat, und den habe ich zum Papa genommen."

„Wie hast du das denn gemacht?", fragte ich.

„Na, gar nichts habe ich gemacht", sagte Emil. „Papas kriegen doch keine Kinder. Mamas kriegen die Kinder, deshalb musste ich erst mal nach einer Mama suchen. Das kommt jetzt. Jetzt musst du wieder schreiben."

Ich schrieb wieder: „Gar nicht so weit weg stand eine sehr schöne Frau auf der Erdkugel und kämmte sich die Haare. Ich fand, es war die schönste Frau von allen. Sie war viel schöner als Papa. Diese Frau wollte ich zur

Mama haben. Dazu musste ich in ihren Bauch rein. Aber das ging ja nur, wenn Mama und Papa sich ganz lieb haben und sich küssen und miteinander schmusen."

Emil kicherte ein wenig, schmusen findet er lustig, dann diktierte er weiter. „Es war gar nicht schwer. Als der große Mann und die schöne Frau einmal ziemlich dicht beieinander standen, habe ich einfach ein bisschen von meinem Sternenlicht in ihre Herzen scheinen lassen, dann haben sie sich geküsst und ganz arg geschmust, und Mama hat die Augen zugemacht, und ich bin blitzschnell in ihren Bauch gesaust und habe mich ganz dick gemacht und war ihr Baby. Mehr weiß ich noch nicht." Ich fand die Geschichte sehr schön, wie Emil noch ein Sternchen am Himmel war. Aber ein bisschen wunderte ich mich schon darüber, was alles in seinen kleinen Kopf passt. Die coole Idee, dass wir ohne die anderen einen Porsche hätten. Und die romantische Vorstellung vom Kinderkriegen.

Am Abend guckte ich hoch zum Himmel, ob da vielleicht wieder irgendjemand ein bisschen Sternenlicht in mein Herz scheinen lassen wollte. Ich legte den Kopf in den Nacken, und überall blinkte und glitzerte es am Nachthimmel, dass mir gleich ganz anders wurde und ich die Augen zumachte.

Als ich die Augen wieder aufmachte, hatte ich Emils kleine Hand in meiner. Er stand neben mir und hatte den Kopf ebenfalls in den Nacken gelegt und schaute die Sterne an.

„Papa", sagte er, „jetzt kommt kein Sternchen mehr für dich. Dein Herz ist doch schon ganz voll mit Sternenlicht."

Ich sagte gar nichts. Aber ich spürte plötzlich, wie voll mein Herz war. Es war so voll, dass es schon fast ein bisschen überlief. Vor lauter Liebe.

Unterdessen hatte Emil sich entschieden, dass Bücher schreiben gar nicht so leicht ist. Er will jetzt erst ein bisschen größer werden, bevor er mir neue Geschichten aus seinem Leben erzählt, die ich dann in den Computer tippen muss.

Aber, ehrlich gesagt, wer braucht eigentlich Bücher, wenn das Herz voll ist mit Sternenlicht?

Ursuppe
aus Legosteinen

Axel Hacke

Es gibt Dinge, die nur Menschen wissen, die kleine Kinder haben. Nur sie kennen den grellen Schmerz, der den Körper durchzuckt, wenn man mit bloßem Fuß auf eine herumliegende Glasmurmel tritt. Nur sie wissen um die Abgründe der Resignation, welche den befällt, der die unaufgeräumten Zimmer seiner Kinder betritt. Nur sie kennen den gigantischen Aufwand an Debattierkunst, der betrieben werden muß, um ein kleines Kind zu bewegen, wenigstens begehbare Schneisen in seine Welt zu schlagen.

Wenn zum Beispiel Antje und ich den Max in einem rücksichtsvollen, intensiven Gespräch bitten, ein wenig Ordnung in seinem Zimmer zu schaffen, pflegt er wie ein vom Blitz gefälltes Bäumchen umzufallen, die Augen zu verdrehen und laut die Worte „immer!" und „muß!" und „ich!" und „aufräumen!!!" hinauszuweinen. (Dann nagt der Zweifel: Sind wir so grausam zu einem kleinen Menschen? Ist Aufräumen nicht spießig und reaktionär? Welchen Schaden richten wir hier an, nie wieder gutzumachenden Schaden?)

Was die meisten Leute mit kleinen Kindern nicht wissen, das ist: Es ist alles vollkommen sinnlos. Lassen Sie ab vom Aufräumen! Geben Sie auf! Verzagen Sie! Jene Ursuppe aus Legosteinen, Puppenarmen, Bonbontüten, Bekleidungsfetzen, welche Kinderzimmerböden bedeckt, entsteht ohne das Zutun von Menschen. Es handelt sich vielmehr um einen kaum erforschten, vielleicht gar nicht erforschbaren Fortpflanzungsvorgang unbelebter Materie: Siku-Autos treiben es mit Überraschungs-Eiern, Kaugummipapier kopuliert mit Nimm-zwei-Bonbons, Batmanfiguren gebären Kinderpoststempel, Ventile von Kinderfahrrädern vereinigen sich mit Schwimmflügeln, aus dem Schoß einer Schildkrötpuppe kriechen Buntstifte, uralte, zerbissene Schnuller paaren sich mit den Resten geplatzter Luftballons. All das zerfällt bei einer Halbwertzeit von einer Stunde pro Teil in immer kleinere Plastikteilchen, die schließlich knöchelhoch im Raum liegen, durch die Zimmertür auf den Flur schwappen, sich über die Treppe ins Wohnzimmer ergießen und eines Tages die ganze Welt bedecken werden, unser aller Körper, auch die schreckensstarren Leiber jener, die von alledem nichts ahnten, die keine Kinder haben und aus unverständlichen Gründen auch keine haben wollen.

Quellen

Hazel Brugger, Im Namen des Fötus, des Hohns und des ewigen Spotts.
Erschienen in: Hazel Brugger, *Ich bin so hübsch.*
Copyright © 2016 by KEIN & ABER AG Zürich – Berlin

Heinz Erhardt, Wieso ich Dichter wurde,
aus: Heinz Erhardt, Der große Heinz Erhardt
© Lappan in der Carlsen Verlag GmbH, Hamburg 2009.

Horst Evers, Pädagogische Freiheiten,
aus: Horst Evers, Wäre ich du, würde ich mich lieben,
© 2013, Rowohlt · Berlin Verlag GmbH, Berlin

Lisa Feller, Das Beste fürs Kind,
aus: Lisa Feller, Windeln haben kurze Beine,
© 2013 Piper Verlag GmbH, München

Beni Frenkel, Tochter, © beim Autor

Amelie Fried, Die Schlabbersocken-Papis,
aus: Amelie Fried, Offene Geheimnisse und andere Enthüllungen,
© 2005 Wilhelm Heyne Verlag, München, in der Penguin Random
House Verlagsgruppe GmbH

Lena Greiner, Carola Padtberg, Böser Staubsauger, böser Schluckauf!,
aus: Lena Greiner, Carola Padtberg: Stellen Sie die Sirenen aus – Mein
Kind macht Mittagsschlaf!
© 2020 Ullstein Buchverlage GmbH, Berlin.

Gernot Gricksch, Das Höllenpaar, © beim Autor

Axel Hacke, Ursuppe aus Legosteinen,
aus: Axel Hacke, Der kleine Erziehungsberater,
© Verlag Antje Kunstmann GmbH, München 2006